我的外交人生歷程

錢剛鐔 著

推薦序／孝子不匱，永錫爾類

劉瑛

古諺說：「百善孝為先。」

讀大四時，交換教授陶遂博士（Dr. Gray L. Dorsey）賜給我一本耶魯大學出版的書*Ideological Differences And World Order*。其中有一篇友人馮友蘭先生所撰的論文〈傳統中國社會的哲學基礎〉。馮先生文中指出：傳統中國社會仍建立在一個「孝」字上。他舉《禮記‧祭義》中的曾子的畫為證：

> 曾子曰：「身也者，父母之遺體，敢不敬乎？居處不莊，非孝也。事君不忠，非孝也。朋友不信，非孝也。戰陣無勇，非孝也。五者不遂，災及於親，敢不敬乎？」

「孝」乃出於對父母養育撫愛的報恩。唐詩云：「誰言寸草心，報得三春暉」，報就是報恩。

民初報人張季鸞先生一生服膺報恩主義。老友鄭貞銘教授送給我一本他的大作《無愛不成師》，書中他對他的恩師們表現出十分真誠的孺慕之情，所以，他教學生，也是充滿了愛心。他自認是張季鸞先生報恩主義的忠實奉行者。

我在外交部工作整四十年。部中同仁，都以能被派到美國工作為榮、為傲。那年我在曼谷任駐泰國代表，老同事錢剛鐔兄自駐美國華府代表處來信說：「他是獨子，父親上了年紀。每有病情，他自美國休假回臺侍奉，路途太遠，盼望能調到泰國，離臺不過三個小時半旅程，可經常返國照顧老人家。請我設法幫忙。」我得信後，深感剛鐔兄的孝心，為了照顧父親，寧願放棄在美國的職位。我竭力向部方請求，部方也基於剛鐔兄的孝心，同意將他調到駐泰國代表處任顧問兼領務組長。」

漢代取士，以孝廉為本。因為，能孝於親者，必能忠於皇室，忠於國家，忠於職守。在泰國代表處，最為多事的便是領務組，當時許多泰國人力公司亟欲輸出泰勞，他們找人關說，甚至意欲賄賂，都不能得逞。更有泰國小姐，要來臺賣春。他們更是花樣翻新，想騙到簽證。幸得剛鐔兄領導有方，他手下的幾位祕書，如尹新垣、楊美照、邱丕承，都是廉能之士，嚴密把關，從沒出事。我和剛鐔兄後先離泰，他的繼任，手下有一名祕書，私放若干泰女到臺灣，一經發覺，該名祕書被記二大過免職，組長則改調另一代表處，而且取消了「顧問」頭銜。

剛鐔兄以他三十七年從事外交工作的經驗，寫成此書。字裡行間，充分表現出他對外交工作的熱愛，對長官敬愛，對同事的親愛，讀起來十分溫暖、順當。而且篇篇簡潔，流利有加。莎士比亞說「簡潔（brevity）是文章的靈魂。」是以，本書不只是我國外交史上的一些記載，也是篇篇可讀性甚高的散文。尤其一些外交交涉的手法，更是外交工作者宜予研讀的範例。

這是我讀了本書的感想，謹寫出來，介紹給讀者參考。

推薦者簡介：劉瑛大使（慢卿），曾任外交部亞西司司長、駐泰國、駐約旦特任代表，亦為國內著名文史作家，著作等身，著有《唐代傳奇研究》等著作。

前言／我寫這本書的動機

某日獨坐沉思，頓生諸多感懷，深嘆人生苦短，歲月如流，轉瞬間，年華不再。回顧數十年從事外交工作，雖由於才疏學淺，能力有限，了無建樹貢獻，濫竽充數，僅為一名外交小兵，在工作崗位上，默默耕耘，盡忠職責。回顧將近四十年的工作生涯中，卻有諸多可資回憶、生動有趣的點滴，宛如一部紀錄片，乃興起記載以文字之念頭。

本書就從事外交工作將近四十年（一九七〇—二〇〇七），在外交部部內單位、派駐駐外館處，期間所曾經歷事情，有趣見聞，片片斷斷，記載下來，內容以不涉及工作機密，外交、政治敏感話題為原則。書中感言一章，則為本書主軸，就多年從事外交工作切身之體認，感想與心得，敘發所感，期以此書對有志從事外交工作的青年朋友，或新進外交部工作的生力軍，有所啟迪、激勵作用，此乃筆者書寫本書主要動機與目的。

書中如有謬誤之處，尚祈外交前輩及各界人士不吝賜正。本書承蒙我多年追隨的老長官劉大使慢卿賜文策勉，謹致謝忱。

目次

第二章　駐菲律賓代表處

第三章 駐亞特蘭達辦事處

第六章 駐印度代表處

作者簡介

第一章　駐南斐開普敦領事館

（一九七三—一九七六）

開設新館，篳路藍褸

我國在早年即與南斐（南非）建立外交關係，並在南斐金融工商中心的約翰尼斯堡（Johannesburg）設立總領事館，惟當時因國際政治與環境等因素考量，遲遲未設立大使館，建立大使級外交關係。一九七〇年代，我遠洋漁船以開普敦港為停泊補給御售漁獲的船隻愈來愈多，船員停泊港口後，滋事肇事事件頻生；加以開普敦為南斐國會所在地，每年夏季，國會開議期間，南斐中央政府各重要部門由北都普利托里亞（Pretoria）南移開埠辦公，開埠成為南斐臨時行政中心。基於以上兩大因素，我外交部遂於一九七三年在開普敦（Cape Town）設立領事館。

我奉派隨同館長及另一位同事赴任，籌設開館事宜，抵任後，由尋覓適合館址到開館各項準備工作，一桌一椅、一紙一筆，一切皆從頭開始，員眷皆暫宿旅館。經月餘奔忙，終於順利完成開館工作，並逐步推展館務，同仁辛勞之餘，皆深覺欣慰。歷經約三個月，館務才運作完全順暢，館長與館員也找到合適居所，遷入安居。

南斐第一大城約翰尼斯堡，繁華的金融工商中心

約翰尼斯堡（Johannesburg），為南非第一大城，亦是南斐的金融工商中心，盛產黃金著名，故有金山之稱，據說遠在清朝即有甚多華人遠赴該地金礦礦區工作。我國未與南斐建立大使級關係時期，駐約翰尼斯堡總領事館取代大使館功能。

抵達南斐時，館長及館員等一行先行到總領館聽取南非政經概況簡報，及交接轄區工作任務分配。我首次外派工作，也是初次出國，但見約翰尼斯堡西裝畢挺男士，金髮碧眼女士，完全不像非洲國家。約堡市中心到處高樓聳立，車水馬龍，大型百貨公司，處處皆是，市容壯麗，充滿繁榮景象。夜間燈火輝煌，初次出國的我，見此景象，全無置身非洲地區國家的感覺。

嚴苛種族隔離制度，黑白分明

南斐黑白人口比率約為五比一，少數白人統治多數黑人。在白人執政期間，白人為鞏固政權，採行嚴厲的種族隔離制度（Apartheid），黑人地位低微，毫無參政權。所有白人專用的場所，嚴禁黑人使用，郵局，公園，海灘等公共設施或遊樂場所，黑白劃分。到郵局處理郵件，白人與黑人分兩邊排隊，公園休憩椅子也是分隔黑白兩處，最優美良好的海灘僅專供白人專用，火車則以最後一兩節車廂供黑人乘用，夜間黑人搭乘的車廂燈火暗淡，黑白顯明。

當年南斐的種族分隔界定，劃分白人（White）與非白人（Non-white），非白人涵蓋所有的有色種族，黃種人亦視同有色人種。黑人在白人地區從事雜役工作，夜晚必須離去，除非取得許可證，否則不得留宿白人地區，幸經我駐約翰尼斯堡多方交涉爭取，當地華僑獲得比照白人的「榮譽白人」（Honorary White）待遇，為我當地華僑謀取權益與尊嚴地位。

我在開普敦領事館任職後期，南非黑人勢力逐漸抬頭，陸續展開小規模暴動，夜間以石塊砸毀商店櫥窗，或路上行駛車輛，治安亮起紅燈，白人政府開始意識執政統治危機。

處理漁船事端，感受良深

外交部在南斐設立開普敦領事館，主因之一，乃為處理我停泊港口的遠洋漁船事端。有次一艘漁船船員因無法適應海上艱苦工作，想與船東提前解約回臺，與船長發生糾紛，我會同漁業局派駐當地漁業專員，登上漁船處理。我們一上漁船，該名船員不分青紅皂白，扯住我的上衣，拉緊領帶，把我推至船頭欄杆，眾人見狀，合力將他抱住推開，方獲解困。嗣後漁業專員報回國內，移轉司法機關偵辦。據聞該名船員回國後遭受法院起訴，並判刑一年半。我聞訊後，不但無欣喜之心，反而興起同情之念。遠洋漁船船員受僱在漁船工作，要簽二年合約，期滿後始得回國，一般都是二百多噸的遠洋漁船，船上生活條件差，工作辛勞，精神壓抑，也難怪該名船員情緒爆發。

漁船海上作業極為辛勞，生活苦悶，每隔三個多月，才能靠港登岸，稍作調適休息，甚多船員無法長期忍受海上艱苦辛勞工作與生活，往往船一停泊港口，即要求中途解約，或上岸逃逸，造成漁船人手不足，被迫停靠岸邊，無法繼續出港作業，因而引起勞資雙方糾紛，領館人員必須出面協調，協助解決。另一事端為漁船船員長期海上生活，精神苦悶，一停港上岸，即尋歡作樂，酗酒滋事，我經常半夜接獲警方電話通知，趕往警局處理。清晨返家，精疲力盡，但職責所在，責無旁貸。

開普敦僑社僑校，凝聚僑胞情感

開普敦僑胞以廣東梅縣人居多，勤儉刻苦，民風淳樸，都以經營小型超商、餐館、雜貨為主。由於當年南非嚴厲實行種族歧視政策，華人發展受限，年輕一代華人大量移居國外，華僑人數逐年流失，開埠僑胞人數剩不到兩百人。當地有一所中華學校，設於中華會館內，校舍寬敞，但學生人數稀少，經費困難，校長難為無米之炊。僑社中華會館主席，僑校董事長等僑領亦難長期挹注。僑界每年開國紀念、雙十國慶等慶典活動，都在中華會館集會慶祝，僑胞扶老攜幼，踴躍參加。中華會館也是領事館舉辦活動，及僑界人士平日聚會交流、維繫感情的場所。

開埠風光綺麗，氣候舒適

南斐位於南半球，全年氣候溫和舒適，既無嚴寒酷暑，也無颶風地震，冷暖氣幾全用不著。位於南斐南端的開普敦，更是四季如春，風和日麗，氣溫宜爽，風光明媚，景色迷人。每年花季，滿山遍野，百花齊放，姹紫嫣紅，一片花海，美不勝收。

由於氣候良好，盛產葡萄、蘋果、柑橘等多類水果，甘甜美味，物美價廉。置身於斯，神清氣爽，心曠神怡。此後再派往其他地區，或曾到訪之數十國家，論風景，氣候，均不能與開普敦倫比。

盛名的開普敦桌山，氣象萬千

開普敦桌山（Table Mountain）頗富盛名，因山頂一片平坦，宛如桌面，因而得名。開普敦空氣品質本就良好，桌山尤為清新，備有纜車上山，觀覽開普敦市全貌，尤以夜間由山上遠眺，市區燈火輝煌，盡收眼底，為各地遊客及我國人到開普敦旅遊必到此處。我曾陪同一位國內知名人士上山觀覽，他到達後，見山上氣息能量非凡，先打趟太極拳後告訴我，此生從未有如此殊勝感覺。

我租住的公寓剛好位於桌山下，每日觀賞桌山風雲變幻，氣象萬千的景觀，讚為奇觀。

聞名的好望角，兩洋匯集

好望角（Cape of Good Hope）在非洲最南端，一四八六年葡萄牙人迪亞士（Diaz），首先航行於此，見前所未見的景色奇觀，大為驚嘆，後來葡王約翰第二為此地命名為好望角。

好望角為大西洋、印度洋兩大洋匯集之處，從岸邊遠眺，可見到深藍碧綠不同的海水顏色，海水波濤層次交疊，確為難得一見的奇觀。我國人到開普敦，以此地為必遊之景點。

碧藍美麗的海灘，重視海洋生態保育

開普敦海洋環繞，有多處海灘，海灘廣大遼闊，沙質白細，水質清淨，為南斐白人喜愛的休閒場所。放眼望去，海灘上一片五顏六色的遮陽大傘，男女老幼，或著泳裝，或著比基尼，嘻樂期間，逍遙自在。

南斐極為重視海洋生態保育，海水退潮時，漂浮到岸邊的海帶，靠近岸邊的淡菜（Mussel）俯首可拾，海水退潮時，鮑魚吸附於露出水面的岩石，涉水即可挖取。由於海水未受汙染，衛生安全無虞，切成薄片生食，鮮美無比。南斐對海洋生態保育極為重視，嚴格規定，每人獲取鮑魚數量不得超過五個，警察經常在岸邊巡邏監視，違者罰以重款。

除了開普敦有多處美麗海灘之外，德班（Durban）也有極多美麗海灘，該地海域常有大群鯊魚出沒，常發生戲水遊客遭受鯊魚攻擊不幸事件。有一年世界海上救生總會在該地舉辦國際海上救生大賽，我國海上救生會由會長梅可望博士率領代表隊前往參加，我奉派以代表隊祕書身分，前往協助照料，促進我隊與各國代表隊交流，我代表隊獲得多項獎牌，成績亮眼。

郊外烤肉及品酒餐會，美酒烤肉飄香

初抵南斐，受邀參加南斐友人晚餐會，赴宴前以為必多美食，可大飽一餐，乃空腹前往，豈知到達主人住處，但見餐桌上擺滿多種各樣起士、堅果、花生，葡萄乾等佐酒食品，及南斐盛產的紅、白葡萄酒，任客暢飲，卻不見主食，事後方知，此為南斐另一類餐會，有此經驗，嗣後除非參加正式宴會，儘可能不空腹赴會。

在開普敦期間，常受邀參加南斐友人的郊外烤肉餐會，主人事先備好牛、羊、豬、雞等肉品及葡萄酒，沙拉，水果，賓主攜眷舉家參加。許多風景優美的野餐場地，均設有烤肉設備，大夥合力升起柴火，翻轉網上肉片，傾刻間，從烤網上散發出來的香味四溢，大家圍坐，享受美味烤肉，燻陶於香醇美酒，及風和日麗，藍天白雲的大自然風光中；烤肉、美酒、友誼交織一片，高談闊論，渾然忘我，此情此景，人生難得幾回有。

南斐盛產葡萄酒，舉世聞名，有次我受邀參加一位葡萄酒名家府上作客品嘗美酒，從夜晚九時許到隔日凌晨時分，主人把珍藏紅、白葡萄酒，由新酒到陳酒，由薄到濃，依次推出，供客人儘情品嚐，滿室葡萄酒香四溢，眾人陶醉美酒中，至凌晨五時許始散，席間無一人喝醉，為我一生難忘的回憶。

參訪開普敦酒莊，主人美酒饗客

開普敦由於氣候良好，陽光充足，盛產葡萄酒，南斐葡萄酒特色濃郁香醇，在全球出產葡萄酒國家佔一席之地。外派前雖在外講所上過葡萄酒課程，也多次曾嚐過紅酒，但無太多實際概念。是日到了酒莊，主人熱情相迎，隨即問我想喝紅酒或白酒，要甜的（Sweet）、半甜的（Semi-Sweet）或完全不甜的（Dry），我不加思索回答甜的，心想既然是喝葡萄酒，當然是要濃醇甜味的葡萄酒，主人端上一杯顏色鮮紅艷麗，香味四溢的甜紅酒，並神祕一笑的說，下回你再到我的酒莊來，你可能要改喝Dry的葡萄酒，後來我才恍然大悟，他可能知道我對葡萄酒外行，果然自此之後，我再選葡萄酒，無論紅、白酒皆以Dry為首選。

首次外派，待遇菲薄，甘之如飴

南斐是我第一次外派工作的國家，早年外交人員待遇菲薄，生活清苦。當時副領事（相同三等祕書）月薪全部五百美元，別無其他任何津貼，赴任時的海運運費、房租，子女教育費皆全自理。那時美元兌南斐幣匯率為南斐幣一鍰兌美元一點五元，也就是五百美元兌換南斐幣三百五十鍰，所租公寓每月租金一百鍰，加上外放時預借的二個月薪水，每月扣繳，剛到任時只能勉強維持生活，週轉始能買輛二手車輛，卻經常故障，有次半路拋錨，所幸一位熱心路過人士代為排除。隔數年後，駐外人員待遇逐漸有所改善，現駐外外交人員待遇已大幅提升，與當年天壤之別，外交工作人員實應感念當時政府德政，戮力從公，以為回報。

初抵南斐，違規靠右駕駛，警車攔下，善意告誡

南斐為英國系統，靠左駕駛國家，剛抵任時尚未養成習慣，有晚開車進入市區，闖進右方車道，一輛警車驟然鳴笛趕到攔下，我猛然覺醒開錯車道，當場向警方表示萬分歉意，警察見我非當地人，又掛著「領」字外交車牌，知道我是外交人員，笑容可掬的說，下次小心，我稱謝駛離，但心中始終為此耿耿於懷。除南斐外，之後我派駐的國家泰國、印度也都是靠左駕駛的國家。

首次穿著正式外交禮服，感覺非凡

南斐承襲英國宮廷外交禮制，在正式活動的場合，男士普遍穿著小晚禮（Smoking），即所稱黑領結（Black Tie），美國稱之為Tuxedo。入境隨俗，我到南非未久，也購備一套小晚禮服及襯衣等配件。有一年領館舉行國慶酒會，館長臨時要公離開任所，由我暫代館務，並主持國慶酒會，我倡儀所有國內派駐同仁，皆穿著小晚禮以主人身分接待貴賓，獲得同仁熱烈響應，為是晚國慶酒會增色不少。

之後派駐美國工作期間，此套小晚禮服曾多次派上用場，離美後，鮮有機會再穿著。現在只好束之高閣。這套衣服，質料甚好，剪裁合身，惟今後恐再無機會穿著。當年總統在中山樓舉行歡迎外國元首來訪的國宴，中外貴賓皆一律須穿著國服或小晚禮服與宴。

再度到南斐，舊地重訪

在外交部部長室工作期間，奉朱部長手諭，赴南斐出差一週，傳遞重要公務信息。當時我國已與南斐建立大使級關係，在南斐首都普利托利亞設立大使館，抵南斐後向楊西崑大使面報此行任務，並遞送由國內攜去的重要機密文件。任務完成後，順道在開普敦舊地重訪，回首曾在開埠工作四年的種種往事，無限懷念，也倍感親切。

第二章　駐菲律賓代表處

（一九七七—一九八〇）

外交部「聖人」美譽的駐菲律賓代表劉宗翰大使，厚待部屬

派駐菲工作時，菲律賓代表處尚未正名，以「太平洋經濟文化中心」名稱對外，當時的駐菲代表為劉大使宗翰。劉大使待人厚道和氣，仁者之風，在外交部素有「聖人」美譽，不但備受處內同仁敬愛，尤廣為菲律賓僑胞愛戴敬重，與僑界人士打成一片，也與菲方官員廣結善緣，關係良好。

劉大使養生有道，每天早晚以特別梳子梳頭數百下，每日做甩手功運動數百，從不間斷，因此頭髮烏黑，氣色紅潤，體力充沛，健步如飛，很多同仁及僑界人士如法仿效，效果都不錯。

菲律賓僑胞熱愛中華民國，愛國捐獻，不落人後

菲律賓僑界大都為早年由閩南一帶遠渡重洋到菲律賓謀生，併手胝足，創業有成。菲國政治大權雖由菲律賓人掌控，但經濟、金融、商業則操在華人手中，華僑財力雄厚。僑胞心向祖國中華民國，熱愛國家，各種公益活動或國家建設，慷慨捐獻，不落人後。每年國家慶典，踴躍組團回國慶賀，或慰勞國軍。

菲僑重視華文教育，下一代子女大都在中文學校就讀，完成基礎教育，當地的中正學院即為華人教育的搖籃。來臺投資或創立事業的僑領也都極為成功。

處理我國漁船越界捕魚事件，司法程序冗長，曠日費時

臺灣經濟海域鄰近菲律賓海域，漁產豐富，我國近海作業漁船，稍有不慎，極易越入菲律賓海域，菲律賓海岸防衛隊（同我國海巡署）巡邏艇蓄力以待，以「非法入界」，「非法捕魚」名目，拘捕我國漁船及船員。漁船及船員一旦被羈扣，司法程序冗長，先由當地法院漫長審理，再經由菲方九個行政單位組成的專案小組，一一核准通過後，人、船才能獲釋，曠日費時，往往拖延一年半載，並繳付鉅額罰款後始能結案回國，船東勞民傷財。漁船被拘扣的地點，與在馬尼拉駐處距離遙遠。須透過當地僑領從中安排打點協助，才能解決問題，我負責承辦漁船事務，解決漁船被羈扣案件，為駐處最為棘手的工作。我國在菲律賓的漁船事件與我在南非開普敦處理的船員事件性質迥異，但處理棘手程度則不分軒輊。

菲律賓的正式國服，價格豈只「兩塊」錢

菲律賓男士正式服裝稱為「巴隆」，獨具特色，美觀大方。據傳說，我先總統蔣公某次接見菲律賓回國致敬團僑領時，以濃重口音向其中一位僑領問說「你的衣服很好看，涼快吧」，這位僑領立刻回答，不只「兩塊」，要好幾百塊。此則傳聞未知是否屬實，卻博得聽者一笑。

在菲律賓工作期間，入境隨俗，在正式場合都不須穿西裝、打領帶，一件「巴隆」即可又輕鬆，又「涼快」的派上用場，也省了不少治裝費。

菲律賓人樂觀天性，快樂民族

菲人天性樂觀，生活無憂無慮，與拉丁美洲人一樣，過了今天，一切等明天再說。菲律賓無冬季，不需禦寒衣服，簡單飲食即可度日。因此工人是以周計薪，領到一周薪資，等工資用盡，再去上工。由於天性樂觀，是一個樂觀快樂民族，與中華文化「先天下之憂而憂，後天下之樂而樂」迥然不同。

菲律賓曾受西班牙統治，不少菲人具有西班牙人血統，五官凸顯，常在世界選美會中，贏得后冠。菲律賓也因受美軍佔領，英語普及，為菲國官方的語文及普遍通行語言，其自行使用的方言稱「大家樂」（諧音）。

未經孵化成鴨的煮熟鴨蛋，「毛骨」悚然

未經孵化成鴨的煮熟鴨蛋，廣為菲人喜愛，打開蛋殼，鴨子已成形，可見到鴨毛鴨骨，望之真可謂「毛骨」悚然。據說許多首次嚐食者先關燈，或以棉被矇頭在被子內嘗試。但只要吃過一次，下一次就再不存畏懼排斥，且視其為美食；這種孵化後未完全成鴨的蛋，味道鮮美，非局外人所能瞭解，且極為滋養，價錢便宜，僅為兩三披索，窮苦人家，每天只要吃一、二顆，既可充飢，亦可補充營養。每到夜晚，常聽到小販沿街叫賣兜售，鴨蛋置放籃內，上面覆蓋布塊保溫。

有次我隨同劉大使遠赴距離馬尼拉市十多小時車程菲國的南方海岸小鎮，探視為菲方羈押當地的漁船船員，往返搭乘沒有冷氣老舊公車，顛簸擁擠，人與雞鴨家畜同車。回程途中，已是入夜時分，飢餓難忍，但車內只有賣鴨蛋的小販，別無選擇，我們買了幾顆，劉大使吃得津津有味，要我也嚐嚐，我則不敢嘗試，但又難耐飢餓，只得鼓起勇氣，敲破蛋殼，閉目吸啜蛋汁，心裡甚不自在，一想到鴨毛鴨骨，之後再也不敢嘗試。

菲律賓南部有一種特別的螃蟹，形狀似蟑螂，故稱之為蟑螂蟹。據說此種蟹白天棲息洞穴，夜晚則上岸，爬到椰子樹上，以其銳利蟹腳夾斷樹上椰子，使其掉落地上，外殼裂開，再吸食椰肉及椰汁，故蟹肉鮮美，並帶有椰子味。

桿弟以「腳趾」發功，球友一桿進洞

馬尼拉市區，有一會員制十八洞高爾夫球場，其中有一洞標準桿三桿的短洞，發球臺在山坡上，由上往下觀看，果嶺一覽無遺。某日與僑界人士在該球場球敘，其中有位球友球技高超，在發球臺發球後，只見小白球朝果嶺方向直飛，力道、方向均極準確。當年菲律賓桿弟皆不穿鞋，赤腳背球袋，當時等候在果嶺邊的桿弟齊聲高呼「一桿進洞」（Hole in One），並疾速走上果嶺拿起旗桿，眾球友紛紛道賀，走近洞口，果見小白球在洞內，不過這位一桿進洞的球友似未見表情太多興奮，打賞替他背球桿及同組的另三名桿弟鉅額小費後，繼續打球。事後據這位僑界人士告稱，他十分懷疑是桿弟為了獲得額外小費，所玩弄的手法，在距球洞附近，以赤腳二腳趾夾球入洞。為了博得一生難得的「一桿進洞」美譽，他也就認定了。這位球友球技高超，無庸置疑。但一桿進洞要取信於球友，至少必須方位、擊球落點所差無幾。當然也有幸運者擊球出界，碰撞果嶺旁岩石，彈向果嶺，小球滾進洞內。亦有擊出方向雖正直不偏，但力道過猛，球碰觸旗桿，落下進洞。無論如何，只要一桿擊球進洞．都是一桿進洞。我個人認為最難的是標準桿五的長洞第三桿入洞，低於標準桿兩桿之「老鷹」（Eagle），這對職業選手而言已非易事，對業餘者更是難上加難，標準桿五桿的長洞，球道少則五、六百碼，長者七百多碼，每桿擊球距離不但要遠，方向更要精準。有言「捉鳥（Birdie）不難，捉鷹（Eagle）難」，一桿進洞更要實力與運氣兼而有之，可遇不可求。

高爾夫球一桿進洞，要憑七八分球技，但也要運氣。有位外交部同事，曾先後三次，在不同球場場擊出一桿進洞輝煌紀錄，這就全靠球技，絕非運氣或偶然。一桿進洞者，得花大筆錢請客，許多球友事先買一桿進洞保險，以免博得一桿進洞的美譽，卻得掏空口袋。據聞有友人一桿進洞，花了十多萬台幣打點。

兩岸關係緊繃，外交對峙

在菲律賓工作時，正值兩岸外交對峙期，對岸頻施統戰招式，兩岸第一線外交工作人員短兵相接場合屢見，我國政府當局訂出因應措施，指示派駐外館處人員，面對中共外交人員，遵守「不接觸、不交談、不迴避」三原則。有次我奉派以駐處二等祕書參加在馬尼拉舉行的國際會議，對岸也派一名二等祕書與會。會議期間，查覺這名中共外交人員在會場時時盯跟，似乎很想接近交談，卻欲言又止。我則若無其事，本著外交部指示原則，不回應，也不迴避，對方見我沒有反應，也就無進一步動作。我在菲工作時，對岸統戰工作十分積極，有次我突然接到大陸親戚輾轉寄達駐處給我的信件，雖然我當時職位不高，但可見行蹤動態已在中共有關部門注意中，其實這是中共對我駐外人員一貫的統戰伎倆。

任期屆滿四年，調部服務

在菲律賓第四年，那時我外放時間，包括在駐開普敦領事館四年任期，已共達七年。外交部事先向劉大使打聲招呼，準備要調我回部工作，劉大使告訴我此事，並表示要向外交部請求，留我在菲律賓再工作一段時間，獲外交部同意，繼續在菲律賓工作屆滿四年才調部。在菲四年期間，追隨一位仁慈善待部屬的好長官，因此工作、生活兩皆愜意，也結交很多位僑界好友。菲國地震、颱風雖多，但在馬尼拉工作期間並未受到大多困擾。

第三章　駐亞特蘭達辦事處

（一九八五—一九八七）

優雅的美國南方城市，樸實華美

在外交部尚未在美國佛羅里達州的邁阿密設處前，亞特蘭達辦事處業務轄管美南部州喬治亞，佛羅里達、田納西、肯塔基、阿拉巴馬、北卡羅萊納、南卡羅萊納等七州，邁阿密設處後，佛州業務歸屬新設立的邁阿密辦事處。亞處轄區多數為美國南方農業州，我奉派任亞處副處長，處長為林尊賢大使。

在外交部工作，大都以能派駐美國地區工作為首選。亞處與州政府關係良好，予駐處比照外交等級總領館待遇，政務以與轄區的七州州政府聯繫為主。轄區雖然遼闊，但領務單純，數量不大，僑社和睦。亞城甚多旅美學人及喬治亞理工學院暨大學教授。在美國地區工作，除了華府之外，我認為亞特蘭達為上選地區。當時處長林尊賢大使，我曾先後三次追隨。林大使親切和氣，對待部屬和藹可親，全處同仁相處融洽愉快，與其他各機關派駐單位人員也合作無間。當地一所中華學校為僑胞及留學生集會、感情交流的場所，也是傳播中華文化的搖籃。由國內派去的一位趙校長主持校務，趙校長熱心服務，對僑界、僑教貢獻甚鉅。

我國赴美採購團成果豐碩，縮短兩國貿易差距

美國南部幾都為農業州，為平衡臺美貿易逆差，當年我國政府每年派遣龐大採購團赴美南農業州採購大豆、玉米等農產品，收效宏顯，達到貿易、政治雙重目的。

採購團所到之處，深受州政府重視，熱烈接待，禮遇有加，州長親率有關州政府政府官員會晤，並以盛宴款待。我奉派全程陪同採購團隨團照料協助，採購團所到之處，備受禮遇歡迎，成果豐碩，對增進台美雙邊關係亦有一定的效益。

協助我國青棒代表隊在美比賽，熱情僑胞加油打氣

佛羅里達州的羅德岱堡為世界青棒大賽舉辦之地。那時我國少棒、青少棒、

青棒實力鼎盛，多次獲得世界三冠王美譽。每年世界青棒大賽，我國代表隊前赴與賽，為我旅居佛州僑界盛事。不但駐處派員照料協助，僑胞及留學生更是踴躍到球場為我隊助陣加油，敲鑼打鼓，搖旗吶喊，並攜餐點慰勞球員。我偕另一位同仁由駐地開車數小時，前往協助我隊，與主辦單位協調聯繫，並照料隊員起居生活，策動各地僑胞到場為球隊打氣加油。每當我隊勇奪冠軍，當晚為我代表隊舉行盛大慶功宴，僑胞、球員，當地美方人士聚集一堂，歡度勝利之夜，並帶領代表隊全體人員到中佛州的「狄士耐世界」（Disney World）暢遊。

初次遇見大雪，新奇興奮

美國南方氣候溫和，雖然冬天也會寒風刺骨，但甚少下雪，不似北美地區，天寒天凍，飽受暴風雪肆虐。在亞城那年，巧遇一場大雪，首次目睹大雪紛飛，雪花片片，臨空而降，像天女散花，不勝新奇之感。不到半日工夫，積雪盈寸，大地為一片白雪覆蓋，堆積屋頂、樹上，蔚成銀白世界。左右鄰居孩童，樂不可支，到戶外自家庭院，堆積雪人，玩得樂此不疲。後來調到華府，每年總會下好幾場大雪，不但對下雪再無新奇美感，反深為苦惱，如同剛自己開車時，視為樂事，開久之後，深覺厭倦，尤其在美國跨洲的筆直高速公路上長途開車，一望無際，或在交通紊亂的臺北市區開車更視為畏途。

在華府地區，每年總有幾場大雪，甚至每年到三月天還常下大雪，每逢下雪，困惱不已，一早上班時，車子冰冷不能發動，並得先剷除堆積車庫前車道積雪，尤其結冰的路上，輪胎打滑，險象叢生，幸好華府市府當局，一早出動除雪車清除道路積雪，否則寸步難行。亞特蘭達一年難得下次雪，因此下雪時，機關學校停班停課，華府地區，每年冬天總下好幾場大雪，道路清除積雪快速，下雪天仍大多正常上班上課。

南方美人友善熱情，人情味濃厚

美國南方人士，樸實熱情。甫住進所租房子，海運行李貨櫃車停在路旁卸貨，左鄰右舍芳鄰獲知有新鄰居遷進社區，紛紛備以自焙蛋糕點心上門親切探訪致意，無限溫馨。逢感恩節、聖誕節，受鄰居盛邀，與他們家人共度佳節，享食火雞大餐。萬聖節（Halloween）前夕，可愛的孩童以特別道具裝扮，登門惡作劇（Trick or Treat），家家戶戶事先必須備好糖果迎小客人。其實這些可愛孩童並非為取得糖果而來，乃是美國傳統習俗。

社區住處附近，有位獨居老太太行動不便，社區鄰居互相代為採購日常用品，充分顯露美國南方人溫馨、人情味濃厚的一面。

清理住處庭院雜草落葉，辛苦無比

進入美國住宅社區，一片綠草如茵，花木扶疏，家家戶戶門前草地、後院花木整理得美輪美奐，一年四季不同的花卉盛開。我住處前後院面積遼闊，又有十幾棵高大松樹，春夏之際，草長得又快又長，冬天掉落的松針，則蓋滿草地。多數鄰居都購置除草車清除，又快又省時省力，或僱工清理。為了節省開支，我只好利用每週週日，以人工推草機自行清理，修平的草地大量草堆，還得裝袋清除。尤其秋冬掉落滿地的松針，附蓋草地，最難清除，只能雙膝跪地，以雙手扒成堆去除。工作相當辛苦，但為了整體社區的整齊、美觀，不敢怠惰，以免有損我國人形象。

亞特蘭達著名景點，值得參訪

亞特蘭達為美國南方大城，學術氣氛濃厚，著名的喬治亞理工學院即設於此，有多位來自臺灣任教的教授及甚多留學生。知名的新聞媒體CNN，可口可樂總部也設在此。美國高爾夫球三大賽的名人賽（U. S. MASTERS）即在亞特蘭達的奧古斯塔（Augusta）球場舉行，此球場艱難度高，每次名人賽，備受全球體育界及高爾夫球愛好者矚目，我國多位職業高手亦常參賽，並獲得優異名次。以名著《飄》（Gone with the wind）暢銷小說改編為電影的《亂世佳人》即以此地發生的故事為背景，多場外景並在當地實地拍攝，此部影片亦成為影史上不朽的經典，對老一輩影迷而言，迄仍膾炙人口。此外，石頭山公園（Stone Mountain Park），亦為知名景點，在岩石上雕刻的南方總統及將軍圖像。夜間並有雷射秀，五光十色的聲光效果及煙火秀，極吸引人。

派赴波多黎各、協助我國出席國際市長會議代表團

波多黎各（The Commonwealth of Puerto Rico）為美國在加勒比海地區的一個自治邦，也是美國的屬地，距離佛羅里達州的邁阿密東南約一千六百公里，首府為聖湖安。波多黎各西班牙語的意思為「富裕海港」，個人平均生產總值雖低於美國任何一州，但在加勒比海諸國中是最高者，平均所得約二萬四千美元（二〇一三年），旅遊業是國家的重要經濟收入。其歷史、熱帶風情、自然景觀和傳統美食使其成為世界聞名的旅遊勝地，也是醫藥業和製造業中心，西班牙語及英語為其官方語言。

由於波多黎各為美國屬地，在我國未在邁阿密設處前，我在美所有設立的館處中，駐亞特蘭達辦事處是最接近的辦事處，因此，當年在波多黎各主辦的「國際市長會議」，我國代表團由許水德市長率團與會，我奉派由亞特蘭達到波多黎各協助我國代表團，各國主要城市均派團參與，盛況空前。會議期間，主辦單位安排許多文化、觀光、美食節目。與會各國市長交換市政治理、建設、旅遊觀光產業等多項經驗，會議十分成功，我國代表團成果豐碩。

第四章　駐美國代表處

（一九八七—一九八九）

美國政治中樞，華府人文薈萃

在駐亞特蘭達將近一年半，承蒙駐美代表前監察院長錢大使君復提攜，調派我到華府駐美代表處擔任行政組組長。駐華府代表處乃外交部服務的同仁夢寐以求的工作館處，組長職位為簡任十二職等，相同外交部的司處長，也較駐美辦事處的十一職等的辦事處副處長為高，我接奉部令後，公務告一段落，整理行裝，由亞特蘭達長途開車北上華府赴任，以便抵任後，不但即有車輛可用，也省下托運的費用。

華府不失為美國政治中樞，白宮、國會、五角大廈及各重要行政部門匯集於此，華府的一動一靜，動見觀瞻，為舉世注目焦點，更是各國從事外交人員工作歷練之地。

美國總統就職盛典，躬逢盛會

在華府期間，適逢小布希總統就職大典，我國由各界組成的龐大祝賀代表團赴華府參加盛典，我陪同我國代表團到場觀禮，就職典禮儀式隆重簡單，布希就職演說，深入民心。當晚白宮及民間團體在華府地區多處舉辦盛大舞會，布希總統夫婦逐一到場參加，場面盛大，有幸參與此兩盛會，留下難忘回憶。

雙橡園整修，恢復原有風貌，錢大使夫人居功厥偉

雙橡園（Twin Oaks）為位於美國華盛頓哥倫比亞特區的古蹟建築，建於一八八八年，為我國國有財產。從一九三七年至一九七八年間，作為九任中華民國駐美國

大使官邸。雙橡園擁有二十六個房間，為喬治復興風格建築。屋內及前後院佔地將近十九英畝。超過八十多年來，雙橡園歷經二十多位大使或代表，見證中華民國外交史及台美關係的許多重要時刻。由於其建築富麗典雅，歷史悠久，備享盛譽，為我國駐美代表處重要活動場所，亦為蒞訪貴賓留下深刻印象。美國政府於一九八六年列為國家古蹟，印證其歷史與文化的重要意涵。

雙橡園因院內種植兩株橡樹而得名，據說其中一株枯萎後又另補種植一株，現已高大亭立，兩樹巍峨併立，為雙橡園標誌。

雙橡園畢竟為百年古老建築，歷經長年風吹、雨打、雪襲，傷痕累累。建築之初尚無暖氣設施，寒冬係以蒸氣經由管道輸送各大廳室內取暖保溫，可見歷史悠久。我時任行政工作，在錢大使夫人親自策劃督導下，全力整修雙橡園，從屋頂一磚一瓦，到室內原有陳設家具，皆由錢夫人精心策劃，鉅細靡遺。歷經多時整修工程，終於使雙橡園恢復原有風貌。

處理新約教徒示威活動，心力交瘁

駐美處工作期間，最為無奈棘手的事情，乃處理在美國一群由台赴美的教徒，以對政府極端仇恨不滿情緒，聚集代表國家的駐美代表處進行示威活動，對國家與政府所造成傷害，自不待言。示威人群不多，但在場高聲汙衊元首，詆毀政府，已到孰可忍，孰不可忍地步。每遇這撮人聚集代表處前，雖立即通報華府地區警方取締，但等候警方派員抵達現場，尚須一段時間，而這撮人已在現場囂張咆哮許久，對政府威信受到嚴重傷害。雖經美警方勸離驅散，但未隔多久，又再度聚集騷擾。這是我從事外交工作數十年來刺骨錐心之痛。

駐美代表處辦公大樓時生狀況，備受困惱

駐美代表處辦公室雖為一棟五樓新建大樓，但內部維修的事務繁多。隨著國內各機關派駐人員增加，辦公室已漸呈現不敷分配使用情形，各單位辦公場地擁擠，工作受影響，但侷限大樓面積，可再擴充使用空間有限。大樓冷氣空調設備亦不盡良善，夏天冷氣常供應失調，尤其面臨西曬的辦公室，同仁上班極感不適。大樓五樓為大禮堂舉辦各項活動場地，但電梯時生故障，有次活動即將結束，來賓搭乘電梯離開時，困在電梯內，上下不得，雖緊急通知電梯公司維修人員到場處理，但久等不來，只好眾人合力推開電梯門，解困在電梯內驚慌賓客，後來找來一位擅長電器修護人員，受僱在代表處工作，隨時排除故障，方解決問題。

辦公大樓五樓屋頂則由於結構問題，每逢大雨，屋頂漏水。房屋捉漏本為難題，幾經找人勘測，終於找到漏源修復。

第五章　駐泰國代表處

（一九八九—一九九三）

由美轉調駐泰國代表處，引發諸多同仁關懷

派駐華府美國代表處工作，為眾多外交部同仁所渴望的駐外使館及地區，我在美國亞特蘭達及華府兩地任期前後約四年，尚未到改調他館服務時間，有次父親病急，接到家人通知，由華府急趕回臺探視照料，其間長途旅程，加上時差相隔逾兩天，緩不濟急，乃思改調離臺灣鄰近的東南亞地區服務，以便情況緊急時隨時可飛抵臺灣。時任駐泰國代表劉大使慢卿為我在外交部禮賓司工作曾追隨的老長官，乃央請劉大使玉成調駐泰代表處，承劉大使慨允成全，未幾即由華府改調派駐泰國代表處顧問兼領務組組長，職位與駐美代表處組長相同，但甚多同仁好友多不解何以我從眾所渴望的華府駐美代表處改調東南亞地區館處，疑因我在駐美代表處工作不力，表現欠佳，乃被降調地區。在不得已情況下離開眾所稱羨的華府，雖然深為不捨，但投身我再度追隨的老長官劉大使麾下，則深感慶幸。劉大使對下屬極為愛護照顧，當年在他擔任禮賓司科長期間屬下同仁，現雖都已退休，至今但仍對他懷念不已，與他保持密切聯繫往來，可見劉大使深受同仁的愛戴。

佛教國度，泰人和善有禮，「三碗豬腳」問安

泰國為佛教國家，為多數泰人普遍信仰的宗教。位於市區中心的四面佛，香火鼎盛，前往參拜的各方信徒絡繹不絕。據說只要虔誠許願，十分靈驗，不過達願後必須答謝還願，否則會有不好報應。四面佛因在東南西北四個方位各有一尊佛神，分別主司事業、財運、健康及姻緣，因而稱四面佛。臺灣許多縣市及臺北市也都有供奉有四面佛。

泰人和善有禮，逢人見面，以泰語「沙瓦迪卡」問候。臺灣觀光客都以臺語諧音「三碗豬腳」發音，易於記憶。此外尚有許多與國語發音接近的泰語，如「賣米」（沒有），「賣菜」（不是），「賣奴」（不知道），「賣便來」（沒關係），「賣苔」（不可以），「賣油」（不在），「賣冬瓜」（不要怕），「賣靠柴」（不明白），「賣蠔」（不要）等，易記易學。泰語發音為五聲（音），比國語四聲還多一音，因此泰國話婉轉、柔和、動聽。

泰國不愧為佛國福地，除了若干地區偶有水患及曼谷市區街道排水不良，積水

為患外，既無颱風，也無地震，雖然夏天炎熱，但無冬季，無須禦寒衣物等設備，穿著清涼簡單。

泰國還有一種禮俗，在餐會或集會行將結束前，大家高呼「菜——有」三次（意即萬歲、萬歲、萬萬歲），增添歡樂、高昂氣氛。

前泰皇浦美蓬，威重四方，多次弭息軍方政變

前泰皇浦美蓬親和愛民，受全國人民敬重愛戴。泰國為內閣制國家，雖由文人執政，但軍方權力舉足輕重，常在政局不穩的關鍵時刻發動政變。我在駐泰國工作期間，有次軍方發動大規模政變，曼谷市區入夜後全市實施宵禁，我從住處樓上往下眺望市區街道，一片蕭肅，不見行人，只見執勤軍警，荷槍實彈穿梭，大有山雨欲來情勢。正當劍拔弩張危急之際，隔日前泰皇浦美蓬諭示發動政變的軍方首領進

宮受見，曉以大義。從新聞報導畫面，但見這位軍方將領跪膝於地，恭聆泰皇諭示後退出皇宮，隨即解散聚集曼谷市區軍隊，平弭即將觸發的流血政變。泰國多次政變，都是如此化解危機結束，可見浦美蓬前泰皇威望與對全國的影響力。

當年我國與泰國有正式邦交時，浦美蓬伉儷曾應邀來我國訪問，由蔣介石總統及夫人親自接待陪同，予以最高規格的禮遇。現今還可見到浦美蓬及蔣總統穿著最高統帥軍服的合照。

泰國果王果后與美食，令人回味「留連」

泰國有兩種著名水果，一為榴槤，另一是山竹。前者稱為果王，後者譽為果后。榴槤品種多種，以香枕頭為上品。榴槤屬燥熱上火水果，蛋白質豐富，但體質燥熱的人不宜多食，據說也不宜與烈酒並食，否則鼻孔出血，當然因個人體質而異。山竹則偏寒，因此吃過榴槤，再吃山竹，相互中和。兩者皆為香甜美味佳果，不愧為水果之王、水果之后。榴槤味道強烈濃郁，未必為首次嚐食者所能接受，但及至再食，感覺則完全不同，越吃越愛，令人「流連」難忘。我早年到南非赴任途中，經新加坡轉機，停留探望好友，他熱忱接待，開車在市區街道尋找榴槤，新加坡並不產榴槤，但他熱情感人，花費多時，終於買到，但對我這初次嘗試者而言，感受他的熱情，勉強嘗試，但似無特別好感。及至我到泰國有機會再食時，感覺完全不同，越吃越愛，只因糖分含量高，又燥熱，必須節制。據說在泰國有人坐在榴槤樹下，榴槤又重又大，外殼堅硬，角刺尖銳，成熟的榴槤從樹上掉落，砸破人頭。馬來西亞亦盛產榴槤，傳說當地人當掉穿在身上的「沙籠」，也要買榴槤解饞。泰國除了果王果后外，紅肉柚子，果肉飽滿細嫩香甜，亦為美味水果。此外柑橘等類水果及其他熱帶水果亦甚佳美。

泰菜獨具特色，以咖哩、香料、辛辣、酸味為主，與菲律賓、印尼、馬來西亞、越南等東南地區大同小異，泰菜開胃不油膩，增進食慾，也難怪泰國菜在臺灣極受喜愛歡迎，幾乎到處可見泰式餐廳。

泰國有一種稱「筍殼魚」的魚類，產於湄公河中。此魚其貌不揚，但肉質細嫩，骨刺不多，鮮美無比，可媲美台灣的石斑魚。

曼谷高爾夫球場奇特景象，多名球僮「桿妹」服侍

泰國曼谷鄰近地區，高爾夫球場球僮（桿弟）以女性為主，其實應稱之為「桿妹」。球場常見的特殊景象，同組人「桿妹」比擊球者多二、三倍，一人同時僱三、四名「桿妹」不足為奇，一名專門負責球桿球袋，一名拿小板凳侍坐及持傘遮陽，一名遞水送毛巾揮扇消暑，另一名則負責為客人搥肩壓背按摩，替客人紓解疲勞。一眼望去，球道內桿妹人數比擊球者還多。

泰國桿弟費及打賞的小費不高，雖有不少球友樂於僱用多名「桿妹」，但多數球友為了專心打球，僅雇用一名。美國高爾夫球場，無論是公立球場或私人俱樂部球場，球僮費用昂貴，一般都租用高爾夫球車或自揹球袋或自備拖車。

代表處舉辦高爾夫球聯誼賽，經費不足劉代表自掏腰包挹注

高爾夫球在泰國為熱門戶外活動，每逢週末假期，球場人滿為患，高爾夫球既可以球會友，增進交情，亦可促展商機，推展公務，更可舒暢身心，運動健身。駐泰代表處劉代表雖不甚熱中高爾夫球，但每年代表處都在先總統蔣公誕辰紀念日舉辦高爾夫球聯誼賽，邀請泰國軍政要員，社會名流，僑界及臺商人士參加，由劉代表親自開球，並主持活動，陪同同組貴賓打完前九洞，平常甚少揮桿的劉代表，屢創佳績。賽後舉行餐會並頒發獎品，駐泰代表處受限經費，聯誼球賽不足費用，由劉代表自掏腰包挹注。與賽者不在於成績名次，或得獎與否，主要是以球會友，增進友誼，廣結善緣，所收效益，極為宏顯。猶記經國總統擔任行政院長時，曾鼓勵外交人員要學打高爾夫球、橋牌等社交活動，以利公務需要，與國際友人拓展交誼，良友以他。

不法集團販售我國護照牟利，重損我國護照公信力

我在駐泰國代表處期間，我國護照仍為傳統式護照，尚未製發晶片護照，既無完善防偽功能，護照上的照片亦係黏貼於護照上，照片極易取下，換以冒用者照片，即使後來外交部護照單位在護照照片上覆以防偽膠膜，但不屑之徒施以特殊技巧，調換容易，不露痕跡。

我在泰工作四年中，屢曾發生我國旅行團來處報稱，旅遊團全團護照遺失，申請補發新照供團員返臺。有次泰警方查獲一處偽變造護照集團大本營，屋內有數百本我國護照，通知我到現場協助辨識。我隨泰警方及移民局官員進入現場室內，赫見各種變造工具完備，偽刻的代表處章戳印章一應齊全，應有盡有，也難怪經不法集團偽變造的護照幾可亂真。

那幾年，臺灣的旅行社以超底價手法招攬國人赴泰國旅遊，旅客趨之若鶩。五夜六日的泰國之旅，全程旅費包含遊玩、三餐、住宿等，團費僅收一萬餘臺幣，即使不計食宿、內陸交通及簽證費用，僅是往返機票，即不止此數。業者不可能做

賠本生意，顯有違常態。原來旅行社帶團領隊以代為辦理登機各項手續，事先將全團五、六十人護照收集統一保管，旅程結束搭機返國前到代表處報稱全團團員護照遭竊遺失，並謊稱回臺前在住宿飯店用早餐，領隊將放置護照的背包放在椅背，取食回座，背包已不翼而飛，每次皆以同樣原因為由，要求駐處立即補發全團護照，以便返國。但補發遺失護照有一定流程，須先報失作廢，以防他人持以冒用，再由外交部電告外館護資，即使加班製發，也須一兩天時間。領隊乃慫恿團員到代表處陳情，並以夜宿代表處辦公處所要脅施壓，要求當天即發照，以供全團立刻得以返國，隔天上班，一再施以故技，乃經代表處查證原來不肖業者將全團五六十本護照以每本相當五、六萬臺幣售予變造護照不法集團，大牟其利。國內司法機關卻難以獲得具體證據，將旅行社繩之以法，追根究底，外交部護照偽防功能不足，使有心之徒有機可乘。外交部領事事務局乃痛定思痛，研發現所使用之晶片護照。

當年我國護照行情極高，據說每本價值四、五萬臺幣，甚至不止此數，國際人蛇集團經變造之護照，以高價售予偷渡第三國者冒用。偽變造集團收購大量護照後，改貼於與原來護照性別、年齡等個資接近之偷渡者照片持用。另據聽聞，曾有旅遊泰國國人，旅費花費殆盡，將護照高價出售牟利，甚至有到澳門賭客，輸盡所有賭本，出售護照等情事。領務局為杜絕此類不法行為，透過立法程序，制定處置法條，並另以行政處分，使因人為保管疏失，或販售護照等行為，約束補發渠等申請之護照效期限制之規定，但這僅為權宜措施，並未能根本解決販售護照圖利或偽造護照之根本問題，直到實施晶片護照，才遏止偽造、變照護照，杜絕根源。

第六章　駐印度代表處

（一九九八—二〇〇四）

擔負重任，開創契機，拓展關係

我國與位於南亞地區的印度，早年已建有邦交，第一任駐印度大使羅家倫先生，學貫中西。一九四九年大陸淪陷後，印度承認中共，兩國斷交，其間歷經數十年，雙方幾無來往，到一九九〇年後才開始有初步接觸，經過漫長協商，一九九五年兩國終於達成在雙方首都台北及新德里（New Delhi）互設辦事處協議。首任駐印度代表由時任外交部亞東太平洋司司長鄧大使備殷膺命前往新德里開館，開館任務備極辛勞，並奠定兩國關係初步基礎。鄧大使在任不到兩年，受外交部賞識重用，調任我國某邦交國大使，我奉派接任遺缺，到任後在鄧大使奠定的既有基礎下，全力以赴，繼續推展兩國關係。五年半任期中，逐步突破艱難困境，完成多項工作。館務蒸蒸日上，駐處人員由受限的少數名額，逐獲印度外交部同意，大幅擴增，代表處從原甚簡陋辦公處所，遷入五層樓房的獨棟辦公大樓，不但內部寬敞，外觀也甚為氣派，由開館之初的小型外館擴展成為中型大館。轄區含括斯里蘭卡、孟加拉、不丹、尼波爾、巴基斯坦等南亞區地區國家。

駐印度代表處列屬外交部C級地區外館，亦即工作、生活情況屬較艱苦的館處。歷任駐印度代表任期大約都在兩年左右，即另改調新職，我則在印度任期長達五年半，期間曾多次獲告已奉改調新職，並已報行政院核定，但卻都臨時因故生變。既改調不成，在任期已達五年半後，思忖既已完成多項階段性工作，乃自請調部服務，蒙獲擔任領事事務局局長。

異國風采，多元文化，神祕國度

印度為南亞第一大國，早年受英國長期統治，政治體制、文官制度，語文及多種規章，乃至鐵路建設等都受英國影響甚深。英語為其主要官方語文，另有十四種地方語言並列為印度語文。

印度人口早已超越十億人，僅次於中國。據聯合國人口專家估計，二十年後印度人口將超過中國的十三億，成為全世界人口最多的國家。

受高等教育的印度人智商甚高，擅於數字及數學。在印度商店購物，售貨員不用計算機，以心算即立刻可計出價錢。由於英語普及，以及一般印度人精明、智商高，人口眾多，英語又為通行語文等種種優勢條件，乃為現在印度之所以能躋身世界大國之因素。

印度文化多元，多采多姿．人文景象豐富，兼具傳統與現代，音樂舞蹈影劇別具風格與特色，傳統印度歌舞邊唱邊跳，載歌載舞，女性舞者，擺肚搖臀，婀娜生姿，表情挑逗、手指、肢體動作豐富，這與中華傳統舞蹈含蓄、柔和、優雅的特質，大相逕庭。其他如文化、宗教信仰，社會風貌亦呈現多元特色，也充滿神祕色彩。印度的電影事業興盛，位在印度南方大城的孟買影城中心「寶萊塢」，每年拍製的影片，據說數量與美國的「好萊塢」（Hollywood）不相上下。

早年印度諸侯割據，各自稱霸一方，因此留下廢宮、城堡遺址甚多，有的現成為觀光勝地，有的則改建為旅館餐廳，吸引不少觀光遊客。

我國旅印華僑多數旅居加爾各答（Calcutta），早年人數約一、二萬人，現在不到三千人，以經營餐館、百貨業及製皮革工廠為主，惟由於皮革廠廢水處理不良，造成環境嚴重汙染，甚多被迫遷廠或歇業。

當地設有一所中文學校，推動華文教育，惟學生甚少。位於印度西部的孟買（Mumbai）則為印度的金融工商中心，我國外貿協會原設在新德里的辦事處，現已遷至該地，推動兩國貿易關係。

以球敘建交情，突破工作困境

剛到印度，鄰近新德里地區的高爾夫球場很少，後來始建造一座頗具水準的會員制球場。負責主管臺印事務的印度外交部亞太司司長熱愛高爾夫球。設處之初，印外交部對我方設限嚴格，工作很難推動。到任後在獲知這位司長喜好高爾夫球，乃常利用週日假期，邀他球敘。印度外交部司長級官員調回國內任職，除公務車外沒有專用座車。每逢周日，我一早到他寓居的外交部官舍接他到球場，車程一小餘，往返兩趟長達二小時半，這段漫長車程，使我有充分的時間與他深入接觸交談。他因公務繁忙，平常我約訂與他在他辦公室洽公時間，每次見面談話最多僅二十餘分鐘，往往談不出什麼結果，無功而返。

與印方人士打交道祕訣為耐心與耐磨功夫，藉球敘機會，漸漸與這位司長建立深厚交情，由公務關係漸成為好友，也發展為深厚友誼。當時有幾件重大公務到他辦公室進洽時，都被推託或婉拒，無法順利達成，及至與他建立友誼橋樑，利用每次球敘接送機會，耐性與他協商說服，逐一突破印外交部對我方工作的諸多不利設限與障礙，在他司長任內，先後獲得印度外交部同意，允許我方中華航空公司單方面開航，每週三班班機直飛新德里。在當時要在非邦交國洽訂飛航協定是項艱難工作，尤其是在諸多政治環境不利因素的印度。另一項我方極力爭取簽訂的臺印投資保障協定，也經多方努力突破終達成協議，我奉命返國與印度駐臺代表在臺北簽訂是項協定。此外，放寬雙方相當於部長層級的高層官員互訪限制，及駐印度代表處員額受限，也逐一突破，除了雙方多位部長級官員到訪外，館員名額由設處時數名擴增為十多名。正在進洽的雙方免除雙重課稅議題，則因他已調駐他國大使而擱置，未能繼續推動，當時我亦奉令返國。

長期從事外交工作，深切體認・只要全心全力投入付出，勤於耕耘，鍥而不捨，必有所穫。所謂勤能補拙，鐵鋤磨成繡花針，良有以也。

加強與政軍首長互動，增進兩國關係

開始與印度人打交道甚為艱困，殊為不易，及至雙方熟識之後，長期接觸交往，也能萌生友誼，建立深厚交情。駐印期間，前後與印方多位內閣部長，軍方首長，國會議長，國會議員等高層官員及最高民意代表頻仍互動。其中以與國防部部長費南德斯來往關係最為密切。費南德斯主掌擁有核武的印度國防事務。費氏生活平民化，廉潔自持，勤儉僕實，實為難得之印度高官，我多次到他官邸晤面，但見其官舍家具陳設簡陋，也曾多次與他在官邸用餐，其飲食清淡簡單。他在印度以反共著稱，因此對我國極友善好感。猶記我在赴印履新前，時任外交部長胡部長志強接見，指示到任後不妨與費南德斯部長多接觸，我奉示抵任後，對胡部長的指示牢記於心。經與國內有關部會派駐處的同仁周組長金凱研商，決定共同全力以赴，盡力一試。周組長年輕有為，聰明幹練，能力卓越，工作積極，經他初步投石探路，終於有所突破，安排與費南德斯在他所寓首度見面，從此開啟日後與他頻頻會晤的大門。每次與他在其官邸晤面，共進早餐或晚餐時，周組長都攜帶由其夫人親自烘做的拿手蘿蔔絲餅或其他中式美點，帶去與他共享，深獲他的喜愛讚賞。他卸任國防部長後，曾受我邀請到久已嚮往的臺灣訪問。除此之外，也與分別二度擔任勞工及郵電通訊部長互動密切，曾數度到他官舍作客，品嚐他夫人的印度美食。他曾以印度少數黨黨魁身分來我國訪問，在部長及黨魁任內，亟力支持我國。其他與印度軍方智庫主管，軍情首長，國會議長，國會議員也互動頻頻，高層官員接觸管道暢通，也使兩國關係更上一層樓。

有一年印度主辦「國際警察首長會議」，我國警界兩位最高警察首長（均為警階三線四星），中央警察大學朱拯民校長及警政署王進旺署長，應邀聯袂與會，會中與各國警察首長及印度警察高層人員密切互動，促進國際共同打擊犯罪合作與交流。

印巴軍事衝突，險啟核武戰端，駐處啟動應變措施

印度與巴基斯坦分離，各自獨立後，長期以來，即因兩國邊界的領土主權爭奪，互不相讓，成為宿敵，因此邊界軍事衝突時生，其中曾發生三次大規模的邊界戰端。兩國都以擁有核武挾以自重，雙方只要不加自制，極易擦槍走火，釀發不可收拾的核武大戰。

駐印期間，兩國曾發生一次最大規模的軍事衝突，雙方在邊界各布署十多萬大軍對峙，砲火猛烈攻擊，並互挑釁放話，各都揚言發動核子武器攻擊對方，情勢十分危急，一場毀滅性的核武戰爭，一觸即發。歐美等國紛紛準備撤離駐印使館眷屬及非必要人員，並做最壞的撤館打算。駐處不斷以急電陳報外交部事態發展及各項重大訊息，並連夜擬定三階段危機應變計劃，報部核示，同時備妥印度境內國人及僑胞名冊，以備情況需要時，作撤離印度準備，駐處同時也密切與美國大使館密切連繫，獲取印巴最新戰況資訊，並隨時觀察美國大使館撤館動靜，作為駐處應變參考。歷經月餘劍拔弩張緊張情勢，所幸歐美大國介入調停斡旋，及兩國領袖理性克

制，一場一觸即發的核戰危機幸告落幕。

印度宗教信仰，印度教取代佛教盛行

印度以印度教為主要宗教信仰，亦為印度之國教，佔印度宗教信仰人口百分之八十，其他宗教依序為回教、基督教、佛教。佛教創始於印度，創立佛教的釋迦牟尼出身於皇室貴族，後繼承王位，享盡人間榮華富貴，但終於參透人生，大覺大悟，毅然決然拋棄王位，離開皇宮·隱居深山修道，悟道得道，修煉成佛，創始佛教。釋迦牟尼佛修道的山洞，及位於他隱居修道山洞附近所喝的井水，這口井至今仍在。釋迦牟尼佛當年在大樹下潛修的菩提樹，及講授佛經的寺院亦都保存，成為眾多信徒瞻仰聖地。

佛教在印度創始，卻未能成為印度的主流宗教，現今信奉佛教人數僅為全國不到百分之二的宗教人口。反觀印度教徒佔絕大多數，成為印度國教。探索其因，蓋因佛教的教義主張普渡眾生，眾生平等，人皆具佛性，人人皆可成佛，這種慈悲、博愛、包容，不分階級，萬物平等的教義與精髓，與印度種姓制度，階級分明的社會制度格格不入，相互不容，因此佛教在印度逐漸式微，反而在我國及東方許多國家盛行，成為眾多信眾信奉的主要宗教；甚至同位於南亞地區的印度鄰國斯里蘭卡也是佛教國家。

種姓社會制度，牢不可破

印度的種姓制度長久以來深植於印度社會，根深蒂固，牢不可破。種姓屬性與生俱來，註定永無翻身改變之日。種姓共分五類階級身分，除了第四類的勞力階級外，還有最低等的所謂「賤民」。以家庭的幫傭為例，只擔任雇主的炊飪管家等家務，住戶大門之外周圍的清掃事務，及打掃馬路等被視為更下等的工作，屬「賤民」階層所為。種姓隨家族姓氏與生而來，終生不得變更。出身低微貧賤的人民一生，只有認命承受。這一階層的人民，自然也沒有接受教育的機會，因此終生命運註定，永無改變翻身可能。

不過我在印度時，當時的印度總統為平民出身，象徵特殊意義。印度為內閣制國家，總統乃虛位元首，不掌實際政權，但擁有尊榮。

印度觀光習俗與美食，水煮蛋剝殼趣事

印度貧富懸殊，富者富甲天下，貧者無立錐之地，清寒貧窮者據稱一天生活費不到十元臺幣。印度人民教育程度懸殊亦大，教育程度高者智商高，發展機會多，但文盲則佔全國人口幾近百分之四十。新德里等市區空氣、水質汙染嚴重，空

汙等級被列世界各大城市前茅。水源汙染同為嚴重，水質不良，衛生環境等亟待改善。據告我國人赴印住宿五星級飯店，甚多以自購礦泉水漱口刷牙。到印度觀光旅遊者，雖住宿五星級飯店，仍有眾多腸胃不適，可能因生食蔬果沙拉或餐具有關，赴印度國人最好事先備妥腸胃藥備用，據說在當地購買的腸胃藥，對我國人並不適用，療效有限。

由於印度是個文化豐富的古國，又充滿了神祕色彩，因此吸引我國許多遊客前往旅遊探索，新德里附近也有許多遊覽景點，例如泰姬陵、捷布、阿格拉「金三角」等地，頗值一遊，尤其是華航由台北直航新德里後，更拉近了臺灣遊客到印度的距離。不過除了上述印度的空氣、水質、衛生環境等不良情形外，國人前往印度觀光，還要特別提防扒竊事件。

一般印度人頭腦靈活，能言善辯。精於數字，尤其在資訊軟體工業佔全球一席之地，許多印度軟體工程設計人員，應聘來台工作。我在駐印期間，即大力推動兩國軟硬體資訊合作，以IT（India-Taiwan）合作為訴求，力求促進兩國資訊工業發展合作。

印度的白色牛隻被奉為聖牛。放養的牛隻在道路兩旁安全島逍遙自在，或在草坡吃草，隨時都有可能走到道路上，駕駛車輛臨時煞車不及，撞上突然走進車道的牛隻，過失責任可大。

開車在印度公路上另一奇景，一路可沿途見到雞、鴨、豬、狗、猴、牛、羊、駱駝等各類家畜動物，景象奇特。

印度富豪之家婚禮豪華鋪張，場面盛大，所花費用天文數字，流水席婚宴賓客川流不息，歌舞達旦，我曾參加親睹這種盛大豪華婚禮場面，嘆為觀止。

印度人過世後，一般都在河堤堆柴火化，骨灰撒入河中。印度有名的恆河堤岸經常可見這種火葬方式。恆河（Ganges）源自喜馬拉雅山南麓，蜿蜒印度中北部，注入孟加拉灣。印度人視恆河為聖河，朝拜者眾，據說人一生至少一次，要全身泡浸恆河水中，才能消除業障，帶來吉運。到恆河朝聖的印人絡繹不絕，也成為國際觀光客探訪之地。印度恆河的河葬骨灰與信眾的身體泡浸同一河中，雖為印度一大奇觀，但顯非局外人所能瞭解。

有次我到外地出差，隔日返回新德里途中，早餐時刻，進入一家小餐室，我的腸胃不良，抗菌力極弱，為保險起見，乃點了兩個水煮蛋，以為應安全無虞，那知水煮蛋送上桌，居然外殼都已剝好，煮熟的蛋白部分還留有指甲剝痕，還好隨機應變，剝掉蛋白，僅食蛋黃，保住腸胃。

職務宿舍的管家兼（炊飪之職）常以整隻雞腳燉湯。為方便食用，我要他先剁成上下二段再下鍋。之後雞腳上桌時，不但上下剁成兩段，上方一段在縱切面還劈為二半，我心中深為嘆服他的邏輯與刀功。

印度的美食深具特色，以辛味的印度咖哩、薑黃，及特殊香料為主要佐料。印度食牛肉者不多，但雞肉、羊肉肉質甚佳，尤其羊肉特別細嫩美味，毫無羶腥味。

印度人午晚餐用餐時間很晚，中餐約在午後二至三時，晚餐則在九點以後，甚至十點，餐後喜用甜點，晚餐距離就寢時很短，因此印度人中年後致胖者甚多。

當時印度在市面流通的紙幣最高面額僅壹佰盧比（約相當臺幣四十餘元），印度紙幣髒舊，氣味重。到銀行領取金額大的紙幣，每一萬盧比（壹百張壹佰盧比）紮成一紮，以粗大的訂書機釘牢，可能是防止銀行內部人員竊取。但每次點數由銀行領出釘牢的每紮壹萬元盧比，仍經常發現其中短缺兩三張。

入境隨俗，左右擺頭，成為「搖頭族」

與印度人交談，對方如表贊同或認同，左右擺頭為示，意即「是的」（Yes）。初到印度不明其意，與館內較早到任的同事或當地雇用的管家、駕駛等印度人交代事情時，只見對方不停左右搖擺頭部，不解其意，初以為是不表贊同，後來才知道左右搖頭是表示接受同意。久在印度之後，也不自覺習慣大搖頭部，成為「搖頭族」，惟意外發覺這倒是很好的頸部運動，可紓解頸肩酸痛。

印度人不喜被人觸碰頭部，認為是一種不敬行為。以手撫摸別人頭部，更為忌諱，旅居印度國人，宜慎戒之。

良晤諾貝爾和平獎得主，慈悲和祥的達賴喇嘛

第一次晤見達賴喇嘛，過程堪稱曲折奇特。當時我甫到任未久，奉外交部急電指示有緊急重要公務，亟須立刻會見達賴當面說明，由於剛上任不到一週，不知達賴人在何方，幾經探詢，才聯絡上達賴流亡政府在新德里設置的聯絡辦事處，據告達賴正在國外訪問，一週之後才會回到印度，我即先陳報外交部報備。在新德里流亡政府辦事處的負責人聽說有要事急於會見，立即通報在國外的達賴本人，回告俟他抵達新德里的當天清晨，在他臨時下榻休息鄰近新德里機場的一家飯店見面。印度政府對達賴極為禮遇，每當他遠從寓居距離新德里車程十數小時的一座山上行宮，到新德里講道或出國訪問往返時，都會固定在這家飯店憩息，他在新德里期間，印度外交部提供一輛賓士專車供使用，警方也派大批荷槍實彈人員在他下榻的飯店維安，可見他受尊崇禮遇的一斑。

是日一早八時許，我依約到達他下榻休息的旅館套房會客室與他見面，達賴走出房間，滿臉笑容，表情和藹，熱烈相迎，毫無因長途飛行及時差的倦容。雙方

交談四十餘分鐘，相談甚歡，似有一見如故之感，我奉令轉達的事，他都慨允，同意辦理，圓滿達成外交部交付任務，他的豪爽、親切與熱情，令我十分感動。此後我在印度五年半任期內，先後與他單獨會面達二十餘次，每次見面，他均以熱情擁抱，親切拍背相待。告辭時，則親手以象徵吉祥祝福的「哈達」絹帶披掛在我的脖上，這是藏人予對方最高的敬意與祝福，也是特殊的見面禮節。

他對臺灣情況瞭解甚深，也極為關心。對國際事務深入瞭解，見識看法極具國際宏觀，每次出國訪問，都為受訪國家元首之座上賓。與達賴交談時，從他的談話內容與表情，可察覺他極具智慧，幽默健談，胸襟廣闊，爽朗率真，毫不矯揉造作。他時而毫不掩飾的開懷大笑，時而表情嚴肅沉思，言談舉止間，洋溢慈悲、包容、仁厚，博愛、智慧的特質。我今生有緣，幸遇這位不凡的尊者，深感三生有幸。

達賴力倡全球七十億人類一體性，推動宗教和諧及世界和平，榮獲諾貝爾和平獎，實至名歸。

有次他應我國佛教團體之邀來臺弘法，班機時間在午夜，我到機場貴賓室送行，印方主管相關事務的機關竟然是印度外交部亞東司長，他也到機場貴賓室送行，登機時他先行離去，我單獨陪同他由貴賓室一起步行走到登機門，全程約六、七分鐘，他一路緊緊牽握我的手，引起許多旅客好奇佇視，此情此景，深深烙印在我的心底。

在印期間，與亦師亦友的友人一行三人，到距離新德里十餘小時車程海拔一千多公尺達蘭薩拉他的行宮訪晤，祕書人員所安排會晤的時間原為二十分鐘，未料見面時，他侃侃而談，欲罷不能，我與友人從玻璃窗外看到眾多等候與他見面的外國賓客，因已超過他們約會預定的時間太久，來往穿梭，頻頻往內探視，我們一行內心甚急，深恐超過原定時間太久失禮，亟想早點告辭，但又不便中斷他的談話，這一會見竟然超過原所安排時間逾三十分鐘，雙方才依依不捨告辭。是晚與西藏臨時政府的各部門首長餐敘

到達蘭薩拉的前一天，大寶法王由西藏爬山涉水歷經千辛萬苦，抵達蘭薩拉，當年他才十四歲，他的身分係經達賴喇嘛確認的第十六世轉世活佛。我們一行在離開前，經流亡政府的安排與他會晤，那時他的面貌如十多歲的少年，但講話聲音老成，卻如中老年人，也會說幾句簡單中文。又間隔二、三年，我在新德里再次與他見面，短短二年多，他已經長大像成年人，比我第一次見面時面貌成熟許多。

離開印度前，我向達賴喇嘛辭別，他贈我兩本勵志的英文書籍，及經他親手開光過的佛像和巨幅佛像唐卡，並在唐卡上簽名題字，這幅唐卡佛像栩栩如生，色澤鮮麗，至今仍毫無褪色，我攜回國後虔誠供奉。彼此話別時，並互許有緣再見，果然我回國多年後，他再度來臺弘法，我們在他下榻的福華飯店套房再度重逢會晤，這段緣分經歷，我視為工作生涯及一生中最難忘的回憶。

轄訪不丹、尼泊爾、未能有所突破，無功而回

不丹與尼泊爾同屬駐印度代表處轄區國家。我駐印度期間，與不丹駐印度大使十分熟識，交往密切，多次到大使館兼他的官邸訪語。經他一再盛邀，為我安排到不丹訪問，不但發予禮遇簽證，並引介與不丹外交部官員會晤，期能增進兩國關係。

不丹外交政策保守閉鎖，不太與國際間各國接觸，有邦交國家寥寥無幾。不丹位於喜馬拉雅山脈內，海拔二千多公尺，臨近西藏，全國幾乎都是藏傳佛教徒。不丹不失為人間清淨之地，幾乎完全不受外界汙染，每年設限外國觀光客名額，原因乃為避免受到外國汙染及破壞當地清淨環境，因此幾乎與外界隔離，自成獨一國度，人民生活簡單，快樂，又深受佛教影響，人性純樸，崇尚心靈領域生活，誠為全世界獨一無二的清純之地，亦為前往靈修的國度。

不丹機場位於狹窄峽谷內，飛機下降著陸時，只感覺幾乎要觸碰兩邊峽谷懸崖，對初次到訪旅客而言，可謂捏把冷汗，驚險萬分，想是全球最險峻機場，固然機師熟悉機場地形地勢，但旅客仍深恐萬一有所閃失，後果不堪設想。

我國與不丹雙邊關係有限，僅有少數農業技術交流，不丹農業人員來臺學習草菇栽培技術。我在不丹期間，雖承不丹駐印度大使安排，會晤不丹外交部次長級官員，但可惜僅屬禮貌性訪晤，未能進一步發展雙方關係。

尼泊爾位於西藏南方，早年為我國藩屬，後受英國保護，鄰近印度，首都加德滿都，人民亦都信仰藏佛，到處可見佛寺。眾多藏佛喇嘛，來臺弘法，惟有少數喇嘛，藉弘法之名，滯臺不歸，當年造成領務局核發簽證困惱。

尼泊爾與中國邦交密切，軍事、經濟、資源等各方面仰賴中國之助，因此對與我發展關係甚為忌憚。轄訪尼泊爾時雖會晤尼泊爾政府中層官員，但無所突破，無功而返，實為憾事。

外交工作廣結善緣，全方位建立交誼

派駐外館工作，縱向與駐在國政府，各相關官員建立關係，固然為首要本職，但橫面的與各國派駐當地的大使、外交人員加強聯繫，促進友誼亦為重要工作。所有派駐在駐在國當地的各國外交，領事人員幾乎都成立外交團，領事團，由在駐在國年資最久的大使及總領事擔任外交團團長及領事團團長，定期或不定期聚會或辦理活動，促進聯繫與交誼。外交團團長在當地具有舉足輕重的身分與地位，為各國駐使之首。我國派駐無邦交國家的代表（等同大使），尤其在工作艱困的國家，雖不容易參加當地外交團、領事團的集會活動，但仍可採取許多其他方式，多方與當地的各國外交人員接觸聯繫，促進交誼。在印度期間，我與駐印度的英國、教廷、法國、義大利、比利時、奧地利、新加坡、泰國、韓國、馬來西亞、不丹等許多國家大使常有接觸，並受邀參加彼等餐宴或酒會。尤其常與韓國、新加坡、馬來西亞大使球敘。其中二、三位大使在我離開印度返國後仍保持聯繫。

有次我邀韓國、新加坡兩位駐印度大使暨印度外交部亞太司司長球敘，在我們前面的一組為韓國人（韓國在印度投資設廠甚眾），我們在球道等候這一組韓國人擊球時，突見兩名韓國人可能因輸贏問題，在球道大起爭執，並相互推拉，韓國大使見狀，高聲斥責，這幾名韓國人回頭一看是他們的大使，瞬息做鳥獸散，可見韓人對他們大使的敬畏。

主持我國駐印度軍陣亡將士蘭伽公墓祭典，告慰英靈

第二次世界大戰對日作戰期間，我國派軍在印度作戰（對日抗戰遠征軍），為國犧牲官兵，就地安葬後，遺骸安置在印度境內三處公墓中，其中以位於印度比哈郡的蘭伽公墓規模最大，人數也最多。墓地口設有聳立的紀念碑，碑上鐫刻我國國徽，園內維護良好，國防部編列專案經費僱人管理及維修，並委託當地僑領協助辦理。

我偕同駐印度代表處軍協組周組長金凱，由新德里搭乘臥鋪火車，經十餘小時跋涉，輾轉抵達蘭伽公墓，舉行祭典，由當地僑領陪祭，儀式莊嚴、隆重、感人，並默禱在異邦為國陣亡的烈士，在天英靈安息。

第七章　外交部禮賓司

（一九七〇—一九七二）
（一九八一—一九八二）

兩度分派禮賓司，見識場面，增長見聞

外交部禮賓司（現改為禮賓處），業務分三個科，第一科負責訪華國賓、外賓接待工作，第二科主管我駐外大使赴任國書，外國駐華大使向我國元首呈遞到任國書儀式及頒授我國勳章作業等業務，第三科則為駐華外交人員禮遇及特權。我剛進外交部服務，分派在禮賓司名為「交際科」的第一科工作。當時外交部大樓尚未落成，禮賓司在現臺北賓館上班，部次長辦公室亦設在臺北賓館。臺北賓館現已列為國家古蹟，後院花園花木扶疏，小橋流水，環境幽雅，鳥語蟬鳴，極富詩意，當年外交部部次長宴請外賓都假於此，現在每年外交部舉辦的國慶酒會即在台北賓館舉行，當年能在此一優美環境工作，效率倍增。在禮賓司工作將近三年，首度外放派駐南非開普敦領使館（後升格為總領事館）。約八年後，由駐菲律賓代表處調回部內服務，回鍋已在外交部大樓的禮賓司工作，擔任第一科交際科科長，前後兩度在禮賓司工作，參與外賓接待工作，對禮賓業務，國際禮儀知識及實務經驗，甚為嫻熟。

接待訪華外國元首，最高禮遇規格，作業審慎周密

禮賓司所接待外賓以各國外交部長以上的重要訪賓為主，包括外長，總理，國會議長，正副元首等，外長之外的外國政府相關部會部長則由各主管地域的政務司負責安排接待。第一次在禮賓司工作時，我邦交國極眾，曾先後參與接待中非共和國、剛果共和國、甘比亞、薩爾瓦多、宏都拉斯等國總統及沙烏地阿拉伯國王，史瓦紀濟蘭國王（現改國名為史瓦帝尼）等邦交國元首正式訪華，那時先總統蔣公及蔣夫人極重視外國元首訪華儀節及禮賓接待工作，來訪外國元首抵離時，以最高禮遇規格接待，場面盛大隆重，蔣總統親到機場迎送，並陪同國賓乘坐加長型大禮車由機場至國賓下榻的圓山飯店行館，前由兩輛無蓬頂紅色警車開道，禮車兩側二十四輛哈雷重機車隨護，國防部並派榮譽侍衛長隨侍。國賓禮車所經重要路口，搭建巨型歡迎牌樓，並有舞龍舞獅等民間技藝表演，沿途學生及民眾揮舞兩國國夾道歡迎，禮賓司工作人員進駐國賓行館的圓山飯店工作室聯絡中心工作，一直到國賓離去才撤離。

接待作業一般在兩三個月前即展開籌劃，其間數度召集各有關機關商討接待細節。國賓訪華禮賓作業最為艱鉅工作乃總統國宴的各項安排，國賓在陽明山中山樓舉行，參加貴賓除了國賓等一行外另包括各國駐華使節，政府文武百官，中央民意代表約達二百餘人，因此席位安排最為困擾，因受邀賓客許多身分地位職位彼此相當，難分軒輊，高低難分，而與宴者則都非常在意被安排席位的高低，因此極容易引起一些賓客不滿。猶記有次國宴，某位駐華代辦（大使不在任所）不滿座位安排，當場拂袖而去，留下禮賓人員一臉錯愕尷尬場面。國宴當晚其中臨時有賓客不克參加，工作人員大慌手腳，必須重新調整座位及名卡等繁瑣工作，動一髮而牽全局。國宴進行其間，安排音樂演奏節目，或為國樂，或為世界名曲，節目表中外文對照，事先須送呈蔣夫人過目審核，有次節目表外文排印有誤，校對時未發現，幸經蔣夫人看到即時更正。總而言之，接待工作儘量做到鉅細靡遺，滴水不漏，事後並開會檢討缺失，以供下次改正參考。如今外國元首訪華的接待規格、儀節已大幅簡化，以簡單隆重，符合國際禮儀為原則，而不再有從前的繁文縟節。

兩度在禮賓司工作期間，印象最深刻者，為美國前總統雷根以時任加州州長身分偕夫人來華參加國慶慶典，我奉指定全程照料，雷根總統親切隨和，離華前曾與他在圓山飯店前合影留念。另一次為新加坡前總理李光耀先生來訪，其中行程安排一整天訪問金門，由經國總統親自陪同搭乘國防部專機赴金門，我那時擔任禮賓司科長，一早與總統先遣侍衛及國防部人員先行搭另一專機抵達金門，安排相關細節。我因工作需要，在金門全程尾隨兩位元首，目睹兩位元首和藹可親，相互親切交談。李光耀總理並以國語及閩南話與金門當地民眾話家常，對兩位元首平易近人，親民愛民的風格，至今仍留下深刻印象。

禮賓工作成效，接待外賓要訣

目前中央各部會幾都設有專司接待工作的單位或人員，例如國防部與外交部一樣，設置專業的禮賓處，其他如臺北、高雄等兩大都市政府也設有專司業務的禮賓科。禮賓工作人員必須具備國際禮儀專業知識，也須有專業的訓練及實務工作經驗。除此之外，還須具備周密細心，思慮周全，反應敏捷的條件，以及隨機應變的能力。

禮賓工作必須處處細心謹慎，任何小節都不得掉於輕心。據聞有次外交部部次長宴請回教國家外賓，宴會由某飯店外燴，菜單自然不能有豬肉，然而最後一道中式炒飯，由於廚師粗心大意，竟然加了火腿，此一嚴重失誤，固然錯在負責外燴的飯店，但如果是禮賓作業人員沒有事先叮嚀飯店炒飯絕不可有豬油，豬肉絲，火腿等配料，亦難辭其責。此外，西方認為十三為不吉祥數目，因此安排宴請外賓，賓主合計人數亦應避免十三人，諸如此類瑣事，不勝枚舉。

為求周全，禮賓工作人員在辦理宴請重要外賓前，須事先瞭解主賓的宗教信仰，飲食喜好或禁忌，以為準備菜單參考。宴客當天，如果正巧為主賓生日、結婚紀念日等特別節日，則事先備妥一個生日蛋糕或一份小禮物，也會帶給主賓意外的驚喜。

國際禮儀知識，外交人員不可或缺

國際禮儀為外交工作人員必備知識。經由外交特考錄用人員在外交學院接受專業訓練時，國際禮儀為重要科目之一，結訓正式分發工作前，亦須先在外交部各事務單位見習，禮賓處亦為其中之一實習單位。

國際禮儀固非外交工作主軸，卻是重要的輔助工具，具備之，有助外交業務進展，反之，不但造成負面影響，在國際間貽笑大方，損及外交人員形象。甚且影響國譽。

事實上，現今一般社會人士，都甚重視國際禮節。許多大學開設國際禮儀必修或選修課程，我曾在兩所大學擔任每學期各兩學分的國際禮儀課程。當前我國成為國際社會重要一員，政府或民間與國際間人士往來密切，接觸頻繁。在各種國際交流活動，無論是參與國際會議，學術研討、專業論壇等活動，或是從事公務、商務洽訪、接待外賓等場合，個人的言談舉止，應對進退，如符合國際禮節規範，必可廣結善緣，促進友誼，增進情誼，締造商機，助長工作推展，並樹立國家及個人良好形象。筆者數年來，不但在大學開課講授國際禮儀課程，並分別應邀到很多政府機構、大專院校、企業工商團體、民間社團擔任近百場的國際禮儀講座，深獲各界好評及熱烈迴響。

第八章　外交部部長室

（一九八二—一九八五）

奉派部長室祕書，體驗首長幕僚工作

在禮賓司擔任科長將近一年時間，奉調改派到部長室擔任祕書工作（簡任職專門委員），部長室有二名祕書人員，一名安排部長對外公務日程、接見國內外賓客等活動，及返國述職人員與部內各單位主管晤見部長等事宜，我則擔任外館及部內來往電報數量、部內外公文彙整等事項。外交部駐外館處逾百，部內單位眾多，往返電報、公文數量龐大，固然許多文電由司處長第二層判決，但每日呈送部長親批閱的公文、電報數量仍極可觀，更由於國內外時差，政務單位發送外館的急電，往往在下班之後一小時後送達部長室，這些急要電報必須連夜送發，以便外館在當日上班時收到，因之必須立即處理，不能留至隔日。此外每日由外館來電逾百餘件，各司處可逕行處理的事務性電報即可歸檔備參，重要電文則須妥為分類整理，以便部長隨時需要調閱，因此祕書人員大都在晚間八時後，才能離開辦公室。工作雖辛勞，但有機會接觸許多重要機密公事，對個人而言，增長不少見識，獲益甚多，實為難得經歷。

朱部長撫松為人處事風格，感懷難忘

未擔任部長祕書前，以為朱部長表情嚴肅，不苟言笑，是位令人敬畏的部長，及至每日接近，方知朱部長雖然表情嚴肅，不苟言笑，但卻是一位和藹可親，內心慈祥的長官。朱部長厚待部屬，諄諄善誘，從不疾言厲色，苛責部屬。最令我敬服的是朱部長果斷、決斷的明快的作風，適切掌握工作重點，不拖泥帶水，從他下達決策乃至批核公文，即可窺見一斑。晚間他常有公務活動，政務單位要立刻發出的急要電報甚多須經部長批核，為免耽誤時效。奉部長指示，囑我以電話誦讀電文，他在電話另一端聽後立即增刪修改後，指示送發。遵他裁示後，我以鉛筆註明「已奉部長核示，先發補呈」。那時部長所持用手機及部長辦公室電話已設有加密功能，不用擔心電話遭竊聽，機密外洩。

經常一大堆公文送呈部長，未經多久即已批閱完畢，各單位送到的電報公文當天清理，甚少留至隔日。經部長修改斧正後的文稿，同仁都極讚服，冗長贅述的文句經他修改後，內容文字簡明意賅。

朱部長之夫人、也是名作家徐鍾珮女士，與部長鶼鰈情深。有一年耶誕夜晚，部長難得無公務活動，我送公文進入他辦公室時，正巧夫人打來電話，我來不及退出，聽到部長說，今晚就在家度過一個平靜的耶誕夜好了。我猜想可能是夫人打電話來詢問部長要如何共度耶誕夜吧。

擔任機關首長機要人員應有之規範，秉持守口如瓶原則

長期從事部長祕書工作，深切體認，作為一個機關首長機要人員，首先必須絕對忠貞，忠於國家，忠於職守，忠於官長，絕不受外界誘惑利用，違背國家利益，其次要守口如瓶，嚴守公務機密。由於接觸的機密公務眾多，舉凡公文、重要文件乃至尚未發布的人事命令，雖然看到、知道，也絕不對外洩漏，如有人打聽，一概

不講，有則流傳趣談，「講不講，我就是不講」。[1]

細心謹慎乃為祕書人員基本條件，切不可草率粗心，更不可掉以輕心。此外，工作勤奮，上下班時間比首長早到晚離，要有吃苦耐勞精神；尤為重要者，為人、待人、接物要謙和虛心，謹守分寸，最忌狐假虎威，自我炫耀，作威作福，挾部長機要祕書身分以自重。我所熟悉的祕書人員，以長期以來追隨錢院長君復（曾任外交部長、監察院長等要職）的李忠義兄為我所見的標準祕書人員，忠義兄完整具備上述機要祕書應有的條件與特質。另一位與我同時在朱部長辦公室共事的祕書陳錫燦大使，從朱部長上任到卸任六年餘，一直擔任朱部長的祕書，極受朱部長器重賞識。

1 據傳聞蔣彥士部長擔任教育部部長時，有次機要祕書臨時離開座位，蔣部長親自接聽外來電話，對方告以要找部長，蔣部長以鄉音回答「我就是部長」對方聽為「我就是不講」（我就是部長），來電者不耐煩再重複蔣部長（講不講），蔣部長也再答以「我就是部長嘛」，（我就是不講嘛）。此傳聞雖為一則笑話，卻妥切比喻祕書人員對公務機密「不講」原則。

第九章　外交部領事事務局

（一九九五—一九九八）

（二〇〇四—二〇〇七）

領事事務，外交工作重要一環

外交為內政的延伸，領務則為外交工作重要的一環。領務業務涵蓋辦理國人護照、外人簽證、文件證明、保僑護僑、旅外國人急難救助、及發布國外旅遊安全資訊等六大項。許多國家將核發護照列為內政部業務，我國則由於持用護照到國外時，即可能衍生個人權利損益的問題，屬於涉外工作範疇，須透過外交管道交涉，保護旅外國人權益，故將護照業務列為外交部業務。

領務工作三大要旨：依法行政、服務便民，及保僑護僑。所指僑民係廣義涵括旅外的國人。領務工作除相關規章外，以兩大法條為執行業務依據，即國人護照條例，及外人簽證條例，此兩項法條都經立法程序完成，具法律效力，亦為執行領業業務的重要依據。

因應業務需要，升格為領事事務局

外交部領務單位是各司處組織變革最大的單位，最早係隸屬外交部尚設在博愛路臺銀大樓禮賓司的護照科，之後改為獨立的司處單位領務處，再經立法程序修改機關組織法，設立領事事務局及分支機構，除局本部外，為了便利中南部民眾申請領務等業務，分別在桃園中正國際機場，中部臺中、南部高雄及東部花蓮設立辦事處等分支機構。現中南、東部等辦事處改為直屬外交部的地區聯絡辦事處。

領事事務局（以下簡稱領務局）為外交部屬下獨立的機構，亦為行政院的三級機關，局內設有人事、會計、政風及祕書室等行政單位。領務局不旦為外交部直接為民服務的窗口，也是外交部唯一的「營利」單位。每年編列歲出及歲入預算送請立法院審議。局內歲入預算高於歲出預算三倍，亦即局內每年繳收國庫收入的行政規費，高於本局及各分支機構全年歲出經費的三倍。

我先後兩度分派在禮賓司工作，也兩次在領務局服務，第一次由駐泰國代表處顧問兼組長調回部擔任領務局副局長，第二次由駐印度代表（簡任十四職等大使）

調任領務局局長，直到退休卸任。兩次在領務局工作前後逾八年，局址兩度遷移，先由外交部大樓遷至租用的國貿大樓，再遷至濟南路的現址中央政府聯合辦公大樓。在局長任內經歷晶片護照的研發，強化各項便民措施，在立法院備詢爭取預算編列等重大事宜。兩度在領務局工作，與局裡同仁朝夕相處，同甘共苦，建立深厚感情，如今許多同仁或已退休或外派工作，惟多數基層同仁仍在局內任勞任怨，孜孜不倦，夙夜匪懈工作，他們是領務局一群幕後英雄，也是最辛勞的基層同仁。這些堅守崗位的同仁，待遇微薄，升遷受限，對這些工作辛勞、默默奉獻的同仁，我由衷敬佩感念。在局長室前後十多任局長擔任祕書工作的劉秀華小姐，即為其中之一，在工作崗位上不辭辛勞工作，數十年如一日。

我國護照歷經沿革，由傳統護照提升晶片護照

早年國人出國人數有限，護照是用人工手繕及線裝本的護照，直接將持照人相片黏貼其上。嗣出國人數逐漸年年大幅增加，護照需求量大增，加於護照未具有任何防範偽變造的功能，而是時我國經濟起飛，蓬勃發展，備受國際矚目讚譽，我國護照在市場上價值因而水漲船高，更由於國際人蛇集團猖獗，不肖之徒高價販售我國護照圖利，影響我國護照在國際公信力至鉅，領務局感於事態日益嚴重，著手研製「機器可判讀護照」（Machine Readable Passport）此一護照具有多種防偽功能，照片並加覆防偽膠膜，一經破壞，持照人在機場證照查驗時，經由特殊機器判讀，即可察辨護照真偽，當時我國為全球第十三個使用這種機器可判讀真偽護照的國家。惟道高一尺，魔高一丈，仍無法有效遏止不法集團以更高超的技巧偽變造我國護照。

為爭取國人免簽證待遇，我在局長任內訪晤美國在臺協會，加拿大、法國等國駐臺代表，為我國力爭免簽待遇，無奈歐美國家都以我國護照常遭變造冒用為由，

表示難予同意給予免簽證入境。領務局痛定思痛，乃經多年研發，並參照美加等國家晶片護照設計，研製現今所使用的晶片護照。此一最先進護照是以臉部特徵為辨識功能，製成晶片護照。整本護照尚有數十種防偽辨識設計，照片是以掃描列印方式，無法取下另換照片予以變造。晶片護照使用迄今，尚未發生持晶片護照冒用得逞案例，獲得美歐等國家肯定，乃先後給予我國多年來爭取的免簽證待遇，目前已有總數多達一百四十六國（截至二〇一九年七月資料）國家給予我國人免簽證入境待遇，國人出國大為稱便，不但免付簽證費用，而且節省申辦簽證時間。

許多國家的晶片護照是採用指紋或眼睛虹膜作為辨識護照真偽功能，但由於我國為保障個人隱私及國內保障人權團體反對，係以臉部特徵作為辨識功能，方式雖不同，但同樣具備防杜護照變造冒用功能。

一般核發照為四個工作天，惟如果申請人緊急需要，可申請急件處理，基於便民及受益者付費原則，另加收提辦費，可提早一至三日發照。現護照效期長達十年，但為防止有心人士或不法之徒，假藉遺失護照申請補發護照，補發的新護照縮短效期護照。護照為國人在國外之中華民國身分證明，如同在國內之國民身分證，持照人務須妥為保管，已免遺失，更不得有出售牟利之不法行為，否則除觸犯刑法罪外，並另以行政處分，視情節輕重，管制在若干期間內，不得申請補發護照。

實施旅外國人急難救助措施，發布國外旅遊風險資訊

領務涵蓋廣義保僑護僑工作，在國外遭遇急難事件的國人，隨時可都向外交部駐外單位請求援助，以獲得必要之協助，此項工作亦是領務人員責無旁貸工作。為貫徹此一措施，避免旅外國人在國外遭遇急難時求助無門，領務局除印製外交部所有駐外單位緊急聯絡電話小冊，供旅外國人攜往國外備用外，並在所有外館設置二十四小時手機熱線電話，由館內指派專人負責接聽處理。領務局為落實此一設施，不定時由國內撥打電話外館專線電話測試，測試時間臺北是日間，當地也許為午夜，若兩次電話無人接聽，或未開機，則受告戒。此外，另外桃園中正國際機場領務局辦事處設立「外交部緊急聯絡中心」，並設置易記的國內免付費的「旅外國人

緊急服務」專線電話「〇八〇〇—〇八五—〇九五」（諧音「你幫我、你救我」）另如在國外，則撥打「＋八八六—八〇〇—〇八五—〇九五」，二十四小時均有專人接聽服務，亦免付國際電話費。設置以來頗受國人好評。可惜少數國人公器私用，以此電話要求同仁協助私人在臺事宜。

領務局亦設立國外旅遊風險資訊通報，發布世界各地重大旅遊風險警訊，舉凡當地發生地震、水災、風災、疫癘、戰亂、政變等重大災難，依照情況輕重，以紅、橙、黃三種顏色號誌標示，紅色表示情況危急，切勿前往，橙色為不宜前往，黃色為提醒注意，隨時視情況演變，調整訊息標示。國人出國前不妨到領務局索取駐外館處聯絡小冊備用，並在網路上查詢當地旅遊風險資訊參考。

簽證審核慎審拿捏，為國境安全把關

簽證為國家主權行為表徵，任何國家沒有義務一定核發簽證予某外國人，亦即申請者，必須以來臺善意的動機與目的，此亦為領務人員核發簽證的主要准駁依據。換言之，外國人士入境我國，必須動機純正，目的正當，例如觀光、商務、入學、合作交流、學術研討等純正目的，而非入境從事不法活動，或違背我國社會善良風俗等行為。即使實施免簽證的國家，入境後如有走私、販毒、妨礙風化等，或違背我國法律行為，仍可撤銷簽證，驅逐出境，甚至接受我國法律制裁，並列入不受歡迎者名單，拒絕再入境。

針對某些特定地區或特定對象申請來臺簽證，我駐外單位領務人員必須嚴予審核，除提交相關佐證文件，例如邀請函，往返雙程機票，銀行存款等證明文件外，並建立面談機制，從面談中確定申請人來臺的純正性與正當性。當年在領務局服務時，最為棘手的兩種簽證申請者，一為以宗教名義來臺弘法為名，取得簽證入境後，逾期停留，甚至從事違法不當行為；另一則為外籍新娘以假結婚配偶名義取得入境簽證後，從事與簽證不符的不法行為。當年某東南地區國家以與國人結婚配偶身分申請來臺居留簽證，人數每月達數百件，其中固然有真結婚，但也夾雜大量假結婚案件，駐處領務人員為慎重起見，採取嚴予審核措施，以期阻絕假結婚之名，來臺從事不符簽證目的之不法行為。駐處對男女雙方當事人實施面談機制，以隔離方式分別向申請人提問相關問題，以研判結婚真偽。由於每月申請件數眾多，面談人數有限，積件愈來愈多，引發民怨，局本部派員前往支援面談工作。領務人員處理簽證業務，態度務須公正客觀，慎審拿捏，剝絲抽繭，毋枉毋縱。

簽證種類有外交簽證，禮遇簽證，落地簽證，免簽證，一般簽證等多種。其中外交簽證發予具外交人員身分之各國駐使，代表等外交官暨其眷屬；禮遇簽證則發予各國來訪之高層官員與當地之社會名流及在國際上享有聲譽或特殊貢獻的人士。一般停留簽證效期可分為二星期，一個月，二個月及二個月可延期等不同效期之短期停留簽證，居留簽證則發予來臺留學、授課、外籍配偶等為對象。

總括言之，外交為內政延伸，領務為外交工作重要之一環，簽證則為國家主權之行使。許多國家外交工作與領務工作分屬不同領域，亦即各自獨立，不互隸屬，美國即為一例。我國制度則外交與領務一體，外交與領務人員工作統由外交部統一指派，系統合一，人員派任互通。在駐外大使館有可能改調總領事館工作，反之亦然，況且駐外館處人員工作，由館長視業務需要機動調整，辦理政務或領務相互對調工作。在外交工作生涯中，無論在部內或外館，一般同仁幾乎很少從未接觸領務工作者。

舉辦駐外館處領務工作會議，增強橫面聯繫溝通

領務局除局內日常業務外，並負責督導規劃全球一百多個駐外館處領務工作。為加強局內外溝通，橫向聯繫，局本部每年輪流在領務量龐大，問題複雜的駐外館處舉行領務座談會，由局內護照、簽證，及文件證明等相關主管同仁聯合組團參加，並為釋疑有關法律問題及稽查規費收費情形，由法律顧問或會計單位同仁隨行與會。會議期間，與駐外館處承辦領務業務同仁交換意見，宣導政令及現行法令規

章與措施，解答領務疑難問題，檢討工作缺失，並實地視察瞭解駐外館處領務作業流程及各項相關設施。領務工作督導團結束會議，返國途中，順道視訪鄰近其他館處領務業務。這項工作，行之有年，成效彰顯。

第十章　外交工作生涯感言

由基層科員，局長到代表（大使），以外交工作為終生志業

畢生從事外交工作將近三十八年，由基層科員，到外交部領務局局長、簡任十四職等駐外代表（大使）[2]，一生歲月精華，奉獻於外交工作。

外交部人事制度雖難免僵化守舊，但尚稱健全，內外輪調制度完善，我在部內服務期間，部內外事務官無論升遷或分派工作單位，以遵循體制或業務需要為考量，無徇私或求職買官等情事。

在外交部工作，只要堅守崗位，認真任事，表現優異，均有可能由基層逐步晉升到司處長及非政務官任用的駐外大使、代表的文職最高職等職位，甚為公正、公平，乃有志從事外交工作者，發揮長才，施展抱負的理想公職。

[2] 派駐友邦交國家為大使，無邦交國家則稱代表，大使又分特任大使與簡任大使，代表亦然。

選擇從事外交工作，必須自忖個人志趣，個性及性向

由於外交工作具專業性，又須在工作上與駐在國政府官員、各界人士廣泛接觸交往，如果與個人志趣不符，個性內向、保守、或沉默寡言、孤僻，不善交際應酬等性向，則擔任外交工作不但成為個人身心沉重負擔，工作也很難有所發揮。外交部即有少數同仁因個性不合，與他人格格不入，不能適應面對群體性的工作，因而無法適任工作，甚且阻礙升遷機會。考選部辦理外交特考，似應在第三次口試時，由主考官對應試者測試其個性及性向評分。

勤於耕耘，必有收穫

當前我國外交處境艱鉅，困境重重，外交工作人員，必須有堅忍不拔毅力與精神，不畏艱難，勇往直前，愈挫愈勇，百折不撓。無論處境如何艱困不利，絕不退縮，全力以赴。只要正確掌握方向，努力耕耘，必能突破僵局，有所收獲，如果不能堅定目標，貫徹始終，半途退縮，終必一無所成。

行政中立，以國家利益為重，拋開個人政黨及意識型態

外交人員以國家為重，心中所繫，只有國家利益，沒有政黨之利益或私心，把持行政中立，效忠國家。外交工作與國軍理念近似，只對國家效忠，無論任何政

黨執政，唯國家利益、政府政策、長官決策是從。否則即為政黨外交，而非國家外交。不過外交人員是外交政策的執行者，而非製定者。主政者當以國家整體利益製訂外交政策，而非政黨利益。

勇於面臨挑戰，突破工作困局

外交工作挑戰無所不在，橫逆在所難免。從事外交工作，必須毅志堅定，不畏艱鉅，勇於接受挑戰，克服困難，突破僵局，始能撥雲見日，出現曙光。個人在外交工作生涯中，深切體認其重要性與必要性，亦從工作經驗與實務中，印證其正確性與必然性。

抗壓力旺盛，接受工作逆境考驗

外交工作面臨各種工作壓力，壓力來臨時，坦然面對，並勇於抗拒，以正面心態對待，不為壓力所屈服。壓力愈大，表示承擔責任愈重，如果不能戰勝壓力，反被壓力擊倒，功業未竟身先卒，情何以堪。外交工作者，就像一株吹不倒的大樹，擊不倒的巨人，永遠屹立不墜，堅定不移。

累積經驗，自我厚植實力

成果總由經驗累積而來，外交工作生涯中，有順有逆，有成有敗，有得有失，從成敗得失順逆中，以前車之鑑，獲取經驗，累積正面能量，必有一番成就。俗語說，失敗為成功之母，今日挫折、失敗的經驗為明日成功的資產。

外交工作是項自我挑戰的工作，外交人員則是展現實際工作成效者，如果本身實力不足，將遭受淘汰。因此培養本身優異條件，厚植實力，甚為重要。

良好統御領導能力，為擔任成功主管要訣

進入外交部工作，只要堅守工作崗位，認真任事，工作表現良好，都可能由基層人員逐步升任科長、司處長，進而晉昇為外館館長高階職務。擔任主管，所屬人員少則十數人，多者逾百，尤其駐外館處相關派遣機關多達十餘個，人員分屬不同機關，各有專業領域，為凝聚力量，一致對外，避免各自為政，政府規定合署辦公人員由館長統一領導指揮，以便發揮整體力量。因此館長必須有效發揮統御領導能力，並以身作則，為人謙和，以德服人，厚待所屬人員，不推諉卸責，營造館內同

仁和諧融洽氣氛，倘領導不力，內部不睦，相互對立，必然耗損力量，削弱實力。外交人員平日必須培養領導能力，以備一日擔任主管重任，游刃有餘。

廉潔自持，陶治品德操守

廉潔操守為外交人員基本要求，中大型駐外館處經費龐大，領務業務量龐大的外館，其行政規費收入甚為可觀，倘若館長或經辦人員，不能廉潔自持，貪瀆圖利，必受唾棄，更為法所不容，最後結局必身敗名裂，自毀前程。

外交部堪稱為廉潔、風氣良好之中央機關，在外交部工作數十年，甚少聽聞部內外人員貪汙瀆職情事，雖偶有極少數人員發生虛報公務交際費、子女教育補助費、駐外房屋津貼等輕微情事，但最後都受到嚴厲行政懲處，永再無出人頭地機會。絕大多數同仁，都是廉潔自持、潔身自愛，身為從事外交工作一份子，深以外交人員為榮。我深切認為，擔任公職人員，無論是何種公職，最為人詬病不齒者，厥為貪汙瀆職。

坦然面對順逆，得失甘苦，泰然處之

從事外交工作數十載，所經歷程，必有得有失，有甘有苦，有順有逆，甚至逆多於順，甘多於苦，此乃任何職業常態，應作如是觀，也是人生過程自然現象，無需介懷，亦不須患得患失。在順境時，把握良機，再接再勵，使工作更上一層樓，但也不可得意忘形，心滿意足；在逆境時，更不可喪志氣餒，自暴自棄，反而更應加倍努力，再接再厲，開創契機，扭轉頹勢。得失順逆，本為一體兩面，有失才有得，危機就是轉機。

排除紓解壓力，轉換正負能量

人之一生，可謂充斥壓力。每一工作，任何職場，都有各種不同性質的壓力存在。壓力不僅來自工作、職場、經濟、生活、學業等各方面之外在因素，亦源自內在原因，諸如追求完美，力求表現，自我期望太高等，都會形成內在因素。外交工作尤然。

壓力不但影響工作效力績效，尤有甚者，更有損及健康。既然壓力與生俱來，無可避免，則必須具有排除化解壓力的能耐，其中最迅速有效的方式為腹部深呼吸，即在小腹丹田間深長呼吸。當壓力來臨時，會感覺到肺部的呼吸短促，胸悶頭暈，倘若改變平常以肺部淺呼吸習慣，換為腹部深呼吸，以丹田深入吸納，再由口中緩慢吐氣，頃刻間就會舒解壓力。如仍無顯著改善，不妨以音樂、閱讀、戲劇、歌唱等方式舒暢身心，自我放鬆，亦可奏效。當然最具宏效者為打坐、冥想，及佛教的禪坐、入定。總而言之，從事外交工作，必須懂得排除及紓解工作壓力，由負能量轉變為正能量。

感念提攜愛護長官，懷念共同打拚夥伴

長年在外交部工作歲月中，最感慶幸者，莫過於蒙受多位長官提攜，教導，愛護，其中永難忘懷的錢院長君復（前監察院院長），從錢院長擔任外交部北美司長，外交部常次、政次，部長到駐美大使，幾乎在他所有外交部職位中，我蒙受他的恩澤良多。此外劉大使宗翰，劉大使慢卿，林大使尊賢等多位長官，亦為終生難忘長官。其中劉大使漫輕及林大使尊賢，更是我曾數度追隨的好長官。對這幾位長官，我無以回報，僅能由內心深處，感恩、感念。

曾在同單位共事諸同仁中，劉永健是我兩度共事同仁，他為人謙虛誠懇，能力優越，工作表現良好，我相信他前途必定光明遠大。另一位周中興兄勤慎任事、通達幹練、敏捷靈活。其他尚有許多優秀同事，不勝枚舉，我對他們寄予衷心謝意與祝福。

外交部工作內外輪調，部內部外進進出出，在幾十年工作生涯中，許多同事可能從沒有機會謀面，但也有數度同時在部內同一單位或同一外館追隨或共事，例

如劉大使慢卿（禮賓司及駐泰國代表處）及林大使尊賢（禮賓司及駐亞特蘭達辦事處）是我兩度追隨的長官。另一位同事游金榮兄則是我在駐菲律賓代表處、駐泰國代表處及駐印度代表處等單位三度共事的同事。

培養音樂藝術興趣，拓廣生活知識領域

外交人員最好能具備藝術、音樂、文學、戲劇等各種文化素養與知識，及高爾夫球、網球、橋牌等興趣與嗜好，不但有助於增進與國際友人交往與友誼，對外交工作的推展也有莫大助益。畢竟外交工作除了工作的專業性外，也是一項全方位、全領域的工作，知識越廣博，興趣越廣泛，生活層面越開闊，更加能助長工作效益，發揮更佳工作績效。

外交工作除專業性外，也兼具通才性，除了政治、外交、經貿、軍事、國際公

私法等專業學識外，其他方面知識也最好廣泛涉獵，常識、興趣、嗜好越廣博，對外交工作助益愈大。

面對工作調遷，以平常心視之

在外交工作生涯中，國內外工作輪流互調，乃常態之人事制度，一般大約二至三年在部內工作，派駐外館工作任期則大約六年，內外工作互調，也是內外職務升遷調整所需。惟每一職務的變動，每一職位的調遷，未必皆能如己所願，但往往收獲與結局，卻是非當初所能預料。遇到不符合自己所理想的工作、單位或職務，應坦然接受，並泰然處之，並在每一工作崗位、每一職務均全力以赴，盡忠職守，不要因違己願而失意計較，或抱以沮喪、灰心的心態，得與失本難兩全，有失才會有所得。塞翁失馬，焉知非福，失之東隅，收之桑榆，我個人即有多次此種經歷。其實無論分派到任何一個國家、擔任任何一項工作，都有可資學習、增加見聞及磨練的機會。

身心健康的維護，乃工作事業的基礎

健康乃是工作的本錢，有強健的身體，才有旺盛的體力與強盛的企圖心，也才能在工作上全力打拚。然而由於工作性質，外交人員作息時間常不正常，飲食亦時不規律，又因公務酬酢活動多，有時接二連三出席酒會餐宴，暴飲暴食；也時常因公務所羈，而廢寢忘食，這皆有損健康。另如派駐工作的地區或國家環境落後，衛生條件、醫療設施不佳，甚或空氣、水質極劣，疫瘴橫行，一旦不慎感染，對健康危害更鉅。有的地區國家，必須長期服用奎寧，以防瘧疾，對身體傷害甚大。另一方面，外派時因子女教育問題，或配偶國內工作所羈，眷屬不克同赴任所，全家分二地甚或三地而居，過著不正常的家庭生活，衍生對身心健康不利的影響。因之，從事外交工作，必須時時注意身體，調攝身心，以為國服務貢獻。

外交職場小兵，分享工作心得

誠如在本書前言所述，在外交工作領域，我僅係一名默默無聞的小兵，既無顯赫功績，亦為擔任炫耀職位。在外交生涯中，堅守崗位，勤奮工作，一生歲月精華，盡力於斯。惟感人生苦短，數十年外交工作生涯，轉眼已逝，乃將所從事外交工作經驗與心得，述之小書，期與外交部新進工作同仁及有志從事外交工作者分享，此乃我書寫本書的初衷與目的。

作者簡介

一、外交經歷

（1）外交部科員。
（2）駐南非開普敦領事館副領事[3]。
（3）駐菲律賓代表處祕書（二等祕書，一等祕書）。
（4）外交部禮賓司科長。
（5）外交部部長室祕書，專門委員。
（6）駐美國亞特蘭達辦事處副處長。
（7）駐美國代表處組長[4]。
（8）駐泰國代表處顧問兼組長。
（9）外交部領事事務局副局長。

3 我在南非設立大使館後，駐開普敦領事館升格為總領事館。
4 外交部駐外代表處組長同大使館參事。

（10）外交部駐印度代表處代表[5]。

（11）外交部領事事務局局長。

二、教職

（1）中央警官學校[6]外事系兼任講師（七學期）。

（2）中央警察大學外事研究所講座（三學期）。

（3）東吳大學「青年領袖學堂」講座（三學期）。

（4）私立稻江大學兼任講師（二學期）。

5 駐印度代表處代表為簡任十四職等大使。

6 中央警官學校現改制為中央警察大學

三、著作

（1）《中共外交政策與策略》，黎明書局出版。
（2）《實用國際社交禮儀》，商周出版。
（3）《我的外交人生歷程》，秀威資訊（新銳文創）。

四、「國際禮儀」講座（依類別講授時間次序）

（一）政府機關

（1）臺北市警察局。

（2）中央警察大學專業班（兩梯次）。
（3）國立中正紀念堂。
（4）中央研究院民族研究所。
（5）行政院新聞局。
（6）外交部「全民外交研習營」（八梯次）。
（7）花蓮玉里署立醫院。
（8）臺灣警察專科學校。
（9）高雄市警察局。
（10）基隆港務局。
（11）國家科學委員會。
（12）外貿協會。
（13）岡山醫院。
（14）交通部氣象局。

（二）公私立大學暨學校

（1）稻江科技暨管理學院。

（2）真理大學。

（3）新竹縣立湖口高中。

（4）景美女中（兩次）。

（5）崑山科技大學。

（6）臺南科技大學。

（7）國立中山大學（兩次）。

（8）淡江大學。

（9）東吳大學。

（10）景文科技大學。

（11）臺南崑山科技大學。

（12）中原大學。

（13）陽明高中。

（14）龍華科技大學。
（15）修平技術學院（國際禮儀專業證照）。
（16）臺北科技大學。
（17）中國文化大學。
（18）國立臺北大學。
（19）德霖技術學院。
（20）醒吾技術學院。
（21）實踐大學。
（22）育達商業科技大學。
（23）東吳大學商業菁英領袖班。
（24）國立屏東大學。

（三）企業界及民間社團

（1）中華民國觀光領導協會。
（2）倫飛科技電子公司。

（3）威剛科技公司。
（4）寶萊證券公司。
（5）企業指導協進會。
（6）凹凸科技公司。
（7）光寶科技公司。
（8）漢民微測公司。
（9）華亞科技公司。
（10）錦達實業公司。
（11）羅博世國際公司（德商）。
（12）松柏公司。
（13）中華映象公司。
（14）友達光電公司。
（15）勤誠興業電腦公司。
（16）扶輪社（三次）。
（17）福朋大飯店。

（18）艾訊電子公司。
（19）臺北全禾商旅。
（20）屏東大鵬灣大飯店。
（21）龍華科技大學。
（22）新竹永豐金銀行。
（23）立德電子公司。
（24）曼都髮型企業連鎖公司。
（25）保險安全基金會。

血歷史168　PC0879

新銳文創
INDEPENDENT & UNIQUE

我的外交人生歷程

作　　者	錢剛鐔
責任編輯	杜國維、許乃文
圖文排版	詹羽彤
封面設計	王嵩賀

出版策劃	新銳文創
發 行 人	宋政坤
法律顧問	毛國樑　律師
製作發行	秀威資訊科技股份有限公司 114 台北市內湖區瑞光路76巷65號1樓 電話：+886-2-2796-3638　傳真：+886-2-2796-1377 服務信箱：service@showwe.com.tw http://www.showwe.com.tw
郵政劃撥	19563868　戶名：秀威資訊科技股份有限公司
展售門市	國家書店【松江門市】 104 台北市中山區松江路209號1樓 電話：+886-2-2518-0207　傳真：+886-2-2518-0778
網路訂購	秀威網路書店：https://store.showwe.tw 國家網路書店：https://www.govbooks.com.tw

出版日期	2020年1月　BOD一版
定　　價	260元

Printed in Taiwan

國家圖書館出版品預行編目

我的外交人生歷程 / 錢剛鐔著. -- 一版. -- 臺北
市 ： 新銳文創, 2020.01
面； 公分. -- (史地傳記類)(血歷史 ; 168)
BOD版
ISBN 978-957-8924-81-9 (平裝)
1. 錢剛鐔 2. 外交人員 3. 臺灣傳記

783.3886 108021838

讀者回函卡

感謝您購買本書，為提升服務品質，請填妥以下資料，將讀者回函卡直接寄回或傳真本公司，收到您的寶貴意見後，我們會收藏記錄及檢討，謝謝！

如您需要了解本公司最新出版書目、購書優惠或企劃活動，歡迎您上網查詢或下載相關資料：http:// www.showwe.com.tw

您購買的書名：______________________________

出生日期：________年________月________日

學歷：□高中（含）以下　□大專　□研究所（含）以上

職業：□製造業　□金融業　□資訊業　□軍警　□傳播業　□自由業

□服務業　□公務員　□教職　□學生　□家管　□其它_____

購書地點：□網路書店　□實體書店　□書展　□郵購　□贈閱　□其他

您從何得知本書的消息？

□網路書店　□實體書店　□網路搜尋　□電子報　□書訊　□雜誌

□傳播媒體　□親友推薦　□網站推薦　□部落格　□其他__________

您對本書的評價：（請填代號　1.非常滿意　2.滿意　3.尚可　4.再改進）

封面設計____　版面編排____　內容____　文／譯筆____　價格____

讀完書後您覺得：

□很有收穫　□有收穫　□收穫不多　□沒收穫

對我們的建議：______________________________

____

____

____

請貼
郵票

11466
台北市內湖區瑞光路 76 巷 65 號 1 樓
秀威資訊科技股份有限公司 收
BOD 數位出版事業部

（請沿線對折寄回，謝謝！）

姓　　名：＿＿＿＿＿＿＿＿＿＿　年齡：＿＿＿＿　性別：□女　□男

郵遞區號：□□□□□

地　　址：＿＿＿＿＿＿＿＿＿＿＿＿＿＿＿＿＿＿＿＿＿＿＿＿＿

聯絡電話：(日) ＿＿＿＿＿＿＿＿＿＿＿ (夜) ＿＿＿＿＿＿＿＿＿＿＿

E-mail：＿＿＿＿＿＿＿＿＿＿＿＿＿＿＿＿＿＿＿＿＿＿＿＿＿